文匯出版社

李家人 著

《三国演义》趣谈

古书今读系列

序　言

　　李家人《〈三国演义〉趣谈》正式出版前，邀我写一篇序言，我却一直犹豫着。

　　虽然之前也不揣谫陋，很冒失地答应了几位作者朋友或者出版人的要求，写过几篇序一类的东西，但回头来看，质量不高，感觉并不好，似乎难辞"佛头著粪"之讥。这也不单单是因为顾炎武说过"人之患在好为人序"，对自己有时时警示的意义。

　　再者，我虽是古代小说专业出身，但专攻的是《红楼梦》《金瓶梅》等言情题材，对有关历史演义、英雄传奇的小说，没有多少研究，总怕自己会说些外行话，贻笑大方。

　　但家人对《三国演义》从小就有浓厚兴趣我是知道的。他后来读大学、读研究生始终初心不改，那种一片痴心在《三国》，寝食其间的热情和执着，我看在眼里，也很是感慨。特别是近年来，他在微信公众号陆续发表系列文章，其有趣的视角、接地气的表述以及个性化的见解，也曾吸引我，并帮他推荐到官方媒体发表。现在他邀我为正式出版的《〈三国演义〉趣谈》写序,我似乎没有拒绝的理由,只是不知从何下手。恰好前几天参加一位博士生论文预答辩,谈到了家人的推文,我就从这里谈起吧。

那篇论文涉及高中语文教材所选的《失街亭》课文,有"以'骄兵必败'为题,写一篇短评"的情境作文题。我当时提出,如果读过家人的推文《街亭之战——纸上谈兵的后果》,就可明白,教材用"骄兵必败"来要求学生作文,可能是流于片面的,至少没有抓住关键问题。尽管在战前,面对诸葛亮的"司马懿非等闲之辈,更有先锋张郃,乃魏之名将,恐汝不能敌之",马谡居然表示:"休道司马懿、张郃,便是曹睿亲来,有何惧哉!若有差失,乞斩全家。"似乎显得很骄傲,看轻了真正的高手司马懿。但仔细想来,马谡拿曹睿来与司马懿比,看重的是对手地位而不是实际水平,凭此思路与对手较量,这才是深入骨髓的教条主义的表现,与其纸上谈兵,倒是一脉相承的。相比之下,诸葛亮说"吾岂惧曹睿耶?所患者惟司马懿一人而已",是具有更务实眼光的。由此出发,家人在分析刘备阵营里的人,把马谡的失败归为纸上谈兵,关羽的失败归为骄傲自大,才是更精准的把握。

精准往往来自于对人物的全面理解,其开篇所分析的曹操人物形象,从世人熟知的"奸雄"入手,在"奸"与

"雄"之间加以颇有分寸感的细细辨析,尤其是揭示其雄才大略的一面,就有较大说服力。例如,他分析道:

> 曹操的雄略,还体现在对属下之人适时宽容。第三十回中,曹操和袁绍大战于官渡。一度绝粮、濒临失败的曹操采纳了许攸的计策,一把大火把袁绍乌巢的粮草烧了个一干二净。随后,又采纳荀攸之计,谣言分兵,散去袁绍十万兵力。再趁势八路齐出,杀得袁军尸横遍野,血流盈沟。曹操大获全胜后,在袁绍没来得及带走的物品中搜出一包书信,都是曹操军中及大本营许昌的人与袁绍军暗通的内容。旁人建议:"可逐一点对姓名,收而杀之"。曹操却说:"当袁绍之强,孤尚不能自保,况他人乎?"随即下令把这包书信当场烧毁,不再追究。
>
> 读至此处,不能不让人感叹曹操的英雄气度。因为两军交战,胜负未分而交通敌国,这样的举动,在古今中外任何地方都是极为严重的叛国大罪。曹操在获胜之后,更加有理由以高高在上的胜利者心态,把这些暗通对手的叛徒治罪。曹操宽容了已无关大局的交通敌国之罪,不仅让那些被宽容的人感恩戴德、从此更忠心耿耿,也让更多的下属知道其主上宽于容人,真可谓一举两得。

当然,在家人的论著中,精准也来自人物分析时,比较方法的自觉运用。比如他在论及孙权和曹魏政权的关系反复无常时,他拿吕布来与之对比说:

> 很多人容易忽略的是,同样是在大相径庭,甚至是截然相反的立场之间左右横跳,为什么吕布就是洗不去的"三姓家奴",孙权就是"生子当如孙仲谋"呢?其中奥秘在于:吕布左右横跳,为的大多都是赤兔宝马,美女貂蝉,万斛粮食,乃至一百五十匹马这样、眼前的、能抓在手里、相对而言的蝇头小利;而孙权时而和魏,时而敌魏,为的是整个孙吴的存亡发展。和宝马美女,粮食马匹等个人的眼前小利相比,涉及一方政权的存亡发展,任何决策都非儿戏。孙权正是因为能在风云变幻的三国时代正确判断局势,审时度势,左右制衡,能屈能伸,才使得孙吴成为三国时期生存最久的政权,亦证明了"生子当如孙仲谋"的高度评价所言非虚。

把比较置于价值观差异的立场来展开,不但有说服力,也是能给现实中的人以积极人生导向的。

事实上,家人无论评价人物还是分析情节,在揭示人物的命运和情节的走向时,都没有局限于人物情节塑造的技法本身，没有流于纯形式的趣味主义。他能够从更复杂的人际关系中，从不同政治集团利益角逐的大背景中来思考问题的症结所在，让传奇故事背后的那种严酷的政治现实，在他细致的剖析中浮现出来，让人读来有一种警醒的意味。比如他在谈富有传奇色彩、也是为国人津津乐道的"空城计"时，就如此。在他看来：

> 现在的人们但凡谈论这个故事，大多总会赞叹诸葛亮的镇定自若和超凡智慧。但实际上，司马懿见到空城，退兵而走，背后是有深层的政治因素的。因为，以司马懿的水平而言，他有很大概率明白，蜀汉政权的军事和内政尤其是军事，可以依仗的只有诸葛亮一人。如果这次司马懿真的攻下西城，擒获诸葛亮，那么以当时的形势而言，曹魏顺势发兵，攻灭蜀国是很自然的事。而司马懿这个时候虽然是曹魏的骠骑大将军、平西都督，但是魏明帝曹睿对司马懿并不完全信任和放心，曹魏的文臣武将中，也有相当数量的人是绝对忠诚于曹魏皇帝的。这个时候，如果蜀汉的外患不复存在，曹睿极有可能掉过头来铲除司马懿这个"必预汝家事"的野心勃勃权臣。所以，当时司马懿可能也并不想在地位并不稳固，势力并不强大的情况下就消灭蜀国。这种情况下，他就需要一个能圆得过去、

让其他人能相信的、不马上擒获诸葛亮的理由。所以，不管司马懿有没有看穿空城计，诸葛亮的空城计，都给了司马懿一个不擒获诸葛亮的理由，使得司马懿能名正言顺地放过诸葛亮。

如果循此思路来分析，那么，关羽失荆州，固然如作者所言，"表面上是因为轻敌大意，实际上却是为诸葛亮背了个大锅"。因为《隆中对》所阐述的战略方针中，"跨有荆、益"和"外结好孙权"这两条本身就存在着不可调和的矛盾。但除了这样的"实际"，是否还有另外的"实际"？

我曾读到方诗铭先生在《论三国人物》中阐释章太炎的一个观点是，担心关羽的骄横将来无人可控，"故不惜以荆州之全土假手于吴人，以殒关羽之命"。由此进一步联想到，家人文中提到，"据守上庸的刘备养子刘封，曾多次以上庸占领不久，不能轻易离开为由，拒绝援助关羽，间接导致关羽丢失荆州、自己被吕蒙擒杀。"再后来，刘备为巩固嫡子的地位而杀死养子刘封，不援助关羽也应该算罪状之一吧。那么，这究竟算不算刘备早就挖好的让身边的好兄弟和养子连环陷落的大坑呢？在家人分专题讨论的内容里，如果可以诸如此类前后联起来思考，在持之有故的前提下，传递言之成理的观点，是能够给我们读者更大乐趣的。

这种乐趣，既是知识丰富的乐趣，更是思想成熟的乐趣。

是为序。

詹 丹

2022 年 1 月 16 日

（本文作者为上海师范大学中文系教授、博士生导师）

目 录

序言（詹丹）······································ 1

一、人物评传 ···································· 1

（一）魏武挥鞭 ································ 3

1. 曹操：大奸大雄，方为奸雄······ 4
2. 读心大师郭嘉······················· 10
3. 毒士贾诩····························· 17
4. 荀彧的矛盾人生···················· 24
5. 威风八面张文远···················· 29
6. 两个朝代的掘墓人司马懿········ 34

（二）蜀汉忠义 ································ 41

1. 刘备的戏精人生···················· 42
2. 神坛上下的诸葛亮················· 46
3. 关羽的封圣之路···················· 50
4. 不可或缺的莽汉张飞·············· 59
5. 大众情人赵子龙···················· 67

6. 老当益壮黄汉升……………………… 78
7. 漂泊者马超…………………………… 84
8. 殉道者姜维…………………………… 88
9. 庞统：皓月遮星……………………… 93

（三）孙吴荣光…………………………… 99
1. 为何"生子当如孙仲谋"…………… 100
2. 最误是周郎………………………… 107
3. 小霸王孙策………………………… 112
4. 忠厚背后的鲁肃…………………… 117
5. 锦帆游侠甘兴霸…………………… 122

（四）割据群雄………………………… 127
1. 三姓家奴吕奉先…………………… 128
2. 大恶人董卓………………………… 132
3. 没落贵族袁本初…………………… 137

（五）人物群像………………………… 143
1. 三国二五仔图鉴…………………… 144
2. 三国中的硬骨头…………………… 148
3. 小人物大能量……………………… 152
4. 三国官二代………………………… 157
5. 五花八门兄弟情…………………… 162
6. 别样君臣…………………………… 167
7. 名士身份…………………………… 173
8. 《三国演义》中的女性…………… 176

9. 三国中的背锅侠…………………………… 183

二、战事透析…………………………… 189
1. 官渡之战——祸起萧墙破金汤………… 191
2. 赤壁之战——团结力量大……………… 198
3. 夷陵之战——意气用事要不得………… 203
4. 七擒孟获——兵战与心战……………… 208
5. 街亭之战——纸上谈兵的后果………… 213
6. 合淝之战——个人在战争中的作用…… 218
7. 石亭之战——牵一发而动全身………… 221
8. 博望坡——引燃炸药库的小火星……… 226
9. 襄樊之战——月盈则亏，盛极则衰…… 230
10. 绵竹之战——回光返照………………… 235
11. 诸侯伐董——联盟不联………………… 239

三、专题评述…………………………… 245
1.《隆中对》与《榻上策》………………… 247
2.《三国演义》中的伦理问题……………… 252
3. 曹操与关羽……………………………… 260
4. 说英雄法与说奸雄法…………………… 265
5. 强中自有强中手………………………… 271
6. 劝降的那些事…………………………… 277
7. 古同今异话跳槽………………………… 281

8. 继承人问题 …………………………… 286
9. 故事背后——华容道与空城计 …… 290
10. 舌战群儒 …………………………… 295
11. 三国内讧记略 ……………………… 301
12. 诸葛家的兴亡——命运与因果 …… 307

四、三国小百科 …………………………… 311

1. 《三国演义》的不同版本 …………… 313
2. 《三国演义》中的特种部队 ………… 317
3. 兵者凶器——《三国演义》中的兵器 …… 322
4. 徐州：兵家必争之地 ………………… 327
5. 《三国演义》中的粮草 ……………… 331
6. 《三国演义》中的酒 ………………… 335
7. 《三国演义》中的菜肴 ……………… 339
8. 《三国演义》中的谶纬 ……………… 344
9. 《三国演义》中的怪力乱神 ………… 348
10. 《三国演义》中的骂人之道 ………… 354
11. 毛宗岗的评点立场和艺术 …………… 361

人物评传

「一」魏武揮鞭

1 曹操：大奸大雄，方为奸雄

白脸，京剧脸谱的一种，指用白粉涂面以表不以真面目示人之意，多表贬义，一般指奸诈之人。而若论《三国演义》中的白脸，只怕大家都会先想到曹操。但是，正如曹操的京剧脸谱中勾的并不明显的眼窝一样，曹操在《三国演义》中，多数时候也并不是一味地奸诈，而是奸中有雄。

甩锅大师

《三国演义》中，曹操的奸，主要体现在他炉火纯青的甩锅大法上。第二十七回中，曹操见关羽去意已决，表面上慷慨大度，赠锦袍、送金银、携众将亲自送行，却偏偏故意不给关羽最需要的通关文凭。在没有通关文凭的情况下，关羽一路上势必会遭到守关将吏的盘查阻拦。如果关羽因受阻而回，则是不留之留。若关羽在途中被守关将吏杀害，曹操只要一句"非我也，守关将吏也"就能名正言顺地把责任推个一干二净，再玩点惩办害了关羽的凶手以祭奠关羽的把戏，便能完美达到既除掉关羽这个归刘后的心腹大患，又能给自己挣一个尊贤爱士、一诺千金美名的目的。如此甩锅，技艺可谓炉火纯青。

书中，曹操的甩锅常有精彩表演。第三十三回中，曹操历经征战，终于打到了袁绍曾经的大本营——冀州城。正要入城，在官渡之战中为曹操立下大功的许攸纵马近前，指城门呼曹曰："阿瞒，汝不得我，安得入此门？"身为部下在大庭广众之下对曹操直呼小名，许攸这已不是一般的无礼，也无怪"众将闻言，俱怀不平"，而曹操却只是大笑而已。又一日，许褚路过东门，正遇许攸。许攸开始作死："汝等无我，安能入此门乎？"许褚就生气了："吾等千生万死，身冒血战，夺得城池，汝安敢夸口！"许攸还不识相："汝等皆匹夫尔，何足道哉！"许褚大怒，拔剑砍翻许攸，提头来见曹操。曹操却反责许褚："子远与吾旧交，故相戏耳，何故杀之！"并厚葬许攸。

表面上看，事情好像是没啥大不了的，只不过是许褚没度量，一时冲动杀了曹操的故人。但实际上，许攸当众直呼小名，这对曹操是极大的侮辱。许攸的该死在直呼"阿瞒"的时候就注定了。但是，如果曹操以当众受辱为由杀了许攸，不仅会显得没气量，还会落下个杀故人、害功臣的恶名。所以，曹操要做的，就是暂且容忍许攸的恃功而横。横多了，自然会有许褚这样的打手来做沾血的事。曹操这时候只要表面上象征性地责骂一下许褚，再"厚葬许攸"，就能完美达到既除掉这个侮辱自己的二五仔、又避免背上心胸狭窄恶名的目的。

曹操一生，甩锅无数。不仅善于甩锅、频频甩锅，甩锅的对象也越出越奇。第七十八回中，将要走到生命尽头的曹操收到孙权劝曹操称帝的表章，身边群臣也趁势纷纷劝进。其实这个时候，曹操占据了最大的地盘，实力强劲。对手之中，孙权正暂时臣服于曹操。如果此时称帝，除了刘备可能象征性地抗议外，不会有任何阻力。而曹操却留下一句话："苟天命在孤，孤为周文王矣。"

读到这里，不得不感叹曹操对甩锅之术的精通。因为，周文王一生都对殷商俯首称臣，到了他的儿子武王才灭商而立。曹操这时称魏王，封王妃，立世子，建都城，出入用天子仪仗礼秩。除了没有名号，他已经和做皇帝没区别了。但曹操为了把自己汉臣的名号留到最后，不仅坚持不称帝，言语之中还把篡汉自立的任务交给了曹丕，也就是把"篡汉逆臣"的恶名甩给了曹丕。为了自己的名声，连亲儿子都可以成为甩锅对象。曹操对甩锅大法的使用，不可不谓出神入化。

英 雄 手 腕

炉火纯青的甩锅之道体现了曹操白脸奸雄奸诈的一面。然而,作为"古往今来第一奸雄",曹操在大奸之外,又有常人难及的英雄谋略。

曹操的雄略,首先体现在临危不乱的胆识。第十二回中,曹操和吕布相拒于濮阳,你来我往,互有胜负。僵持之时,陈宫向吕布献策,令濮阳城中富豪田氏献书诈降,诱曹操进城,伏而杀之。曹操中计,部队被冲散,自己也陷在濮阳城中。刚刚转到北门,却正见吕布挺戟跃马,迎面而来。貌似死到临头的曹操做出了一个极为大胆的举动:以手掩面,纵马冲吕布而过。吕布从后面拍马赶上,把戟往曹操盔上一击,却问道:"曹操何在?"曹操镇定地反指答:"前面骑黄马者是也。"吕布舍却曹操,纵马往曹操所指方向追赶。

读到这里,不得不赞叹曹操临危不乱、危中生智的胆识。试想,已经是遭到大败、身陷火场之时,他身边又无保卫的军将,若是换了常人,见到鬼神吕布迎面而来,十有八九的反应是"大惊失色,拨马便走"之类。但若是当面拨马便走,只会让吕布起疑,自己断无生机。而曹操不仅临危不乱,安全逃出,逃出后还用诈死之计反将了吕布一军。如此胆识，让人叹为观止。

曹操的雄略，还体现在对属下之人适时的宽容。第三十回中，曹操和袁绍大战于官渡。一度绝粮、濒临失败的曹操采纳了许攸的计策，一把大火把袁绍乌巢的粮草烧了个一干二净。随后，又采纳荀攸之计，谣言分兵，散去袁绍十万兵力。再趁势八路齐出，杀得袁军尸横遍野，血流盈沟。曹操大获全胜之后，在袁绍没来得及带走的物品中搜出一包书信，都是曹操军中及大本营许昌的人与袁绍军暗通的内容。旁人建议："可逐一点对姓名，收而杀之。"曹操却说："当袁绍之强，孤尚不能自保，况他人乎？"随即下令把这包书信当场烧毁，不再追究。

读至此处，不能不让人感叹曹操的英雄气度。因为两军交战，胜负未分而交通敌国，这样的举动，在古今中外任何地方都是极为严重的叛国大罪。而且，曹操在获胜之后，更加有理由以高高在上的胜利者心态，把这些暗通对手的叛徒治罪。曹操宽容了已无关大局的交通敌国之罪，不仅让那些被宽容的人感恩戴德、从此更忠心耿耿，也让更多的下属知道其主上宽于容人，真可谓一举两得。

最后，曹操的雄略，还体现在对战局的精准洞察。第五十八回中，曹操与马超、韩遂联军相拒于潼关。第一战，曹操被势不可挡的西凉兵杀得割须弃袍，大败而归，还差点丧命于马超之手。回到营寨的曹操，下令紧守寨栅，不得出战。过了三天,探马来报"马超又添二万生力兵来助战",曹操听闻却出乎意料地大喜过望。又过了三天,再报马超增添军马,曹操更加欢喜,竟于帐中设宴作贺。诸将不明其意,曹操也不作解释。直到第五十九回,曹操以离间计大破韩、马联军后,才明告众将:"关中边远,若群贼各依险阻,征之非一二年不可平复;今皆来聚一处,其众虽多,人心不一,易于离间,一举可灭:吾故喜也。"

读书到此,曹操独到的眼光展现得淋漓尽致。因为依常理而言,在初战已经大败的情况下知道对方又有援兵来助,若不是大惊失色,至少也应是眉头紧锁、面色凝重的吧。而曹操却能在对手增添生力军的表象下,看到"人心不齐,易于离间"的内在特点,并抓住机会,用离间计一举而胜。其洞见若此,不愧为一代军事名家。

自《三国演义》成书以来,曹操一直是文人墨客、专家学者咏叹、研究的热门人物之一。之所以如此,是因为曹操这个人物具有遍寻其他文学形象都难有第二个的高度复杂的统一。和董卓、袁术、袁绍这些暴虐淫威、骄奢无度、好谋无断的蠢材相比,曹操拥有常人无法企及的胆识气度。但和刘备、孙权这样的仁主明君相比,曹操有的时候又会展现出令人发指的奸谋恶行。正是这样大奸与大雄的高度统一,才使得曹操成为了毛宗岗口中的"古今来奸雄中第一奇人"。

2 读心大师郭嘉

有句话说得好,"这个世界上有两样东西最无法直视:太阳和人心。"的确,人心作为世界上最复杂难懂的事物,解读它几乎可以算得上是最困难的事之一。然而,《三国演义》中,却有这样一个人,偏偏最擅长抓住人性,读懂人心。这个人,就是曹魏早期重要谋士、在世时深得曹操倚重的郭嘉。

十 胜 十 败

郭嘉作为《三国演义》早期的重要谋士,曾为曹操献上很多漂亮的谏言。其中最有名的,要属他评论曹操和袁绍优劣的十胜十败论了。第十八回中,袁绍欲攻打公孙瓒,写了封信给曹操,名为借粮,实为试探,而且信中很是傲慢。曹操看罢,想和袁绍撕破脸,又担心实力不及。正犹疑不定之时，郭嘉站了出来，为曹操献上了著名的"十胜十败"之论：

绍繁礼多仪，公体任自然，此道胜也；绍以逆动，公以顺率，此义胜也；桓、灵以来，政失于宽，绍以宽济，公以猛纠，此治胜也；绍外宽内忌，所任多亲戚，公外简内明，用人惟才，此度胜也；绍多谋少决，公得策辄行，此谋胜也；绍专收名誉，公以至诚待人，此德胜也；绍恤近忽远，公虑无不周，此仁胜也；绍听谗惑乱，公浸润不行，此明胜也；绍是非混淆，公法度严明，此文胜也；绍好为虚势，不知兵要，公以少克众，用兵如神，此武胜也。

平心而论，虽然因为郭嘉是曹操的谋士，这十胜十败之论中确有一二主观的粉饰，比如至诚待人和虑无不周两条，实际上和曹操向来诡诈奸猾的行事风格并不相符。但总体而言，这十胜十败，精准全面地分析了袁曹两人的种种优劣。比如，袁绍是非混淆，在担任十八路讨董联军的盟主时，明明是因为弟弟袁术霸粮不发才导致孙坚兵败，袁绍却袒护袁术、枉责孙坚。而曹操法度严明，在张绣降而复叛时，和曹操同族的夏侯惇治兵不严，导致其所属的青州兵劫掠百姓，被于禁严加惩处。事后，曹操赏罚分明地责罚了夏侯惇治兵不严之过，同时奖赏了于禁严格治军，而不因夏侯惇是同族，于禁是异姓就偏袒遮护，可见说他法度严明还是不虚的。再比如，袁绍在接到刘备出兵攻曹的请求后，犹豫不决，和几个谋士商量了半天才勉强起兵，起兵后又虎头蛇尾。而曹操无论是用荀彧之策，驱虎吞狼离间吕布刘备，还是听郭嘉之言，容纳被吕布打败的刘备，都极为果断，因此得策辄行的评价也还中肯。这切中要害的十胜十败，把袁绍性格上的弱点缺点剖析得淋漓尽致。郭嘉对人性的精准解读，可见一斑。

逆料生死

郭嘉对人性的精准剖析，还体现在他能通过对人性弱点的解读，精准地预测人的结局。第二十九回中，孙策执掌江东，袭庐江、败刘勋，逼降华歆，声势大振，遂遣张纮向曹操报捷示威。曹操闻之，感叹曰："狮儿难与争锋也！"遂留张纮在许昌，并以曹仁之女许配孙策之弟孙匡以示好。曹操帐下谋士也大多对孙策表示敬服，唯有郭嘉说孙策不足惧，还胸有成竹地断言孙策"轻而无备，性急少谋，乃匹夫之勇耳，他日必死于小人之手"。

只一句话，言简意赅地点出了孙策遇事轻率的弱点。其实，之前酣斗太史慈的时候，孙策就曾逞个人英雄气，没有探路,没有随从,就这么直直地被太史慈诱得与众人分散。第二十九回中,孙策在打猎的时候,也是为了追赶一只鹿,就这么轻率地孤身入险,从而遭到许贡门客的行刺,最终伤重而死。对比曹操许田打猎的时候,不仅带十万人马,而且用心腹将校围得铁桶一般,孙策的"轻而无备"表现得更加明显。郭嘉能从平时的处事细节中读出孙策性格中的弱点,还料事如神地预言了孙策的早死。未卜先知,恐怖如斯。

遗 计 妙 策

当然,说到郭嘉的突出表现,有一处绝对不能不提,那就是著名的遗计定辽东。第三十三回中,曹操追击兵败北逃的袁尚、袁熙,大破并斩首冒顿单于。回到易州时,在此养病的郭嘉已死数日,令曹操悲痛不已。郭嘉的侍从递上一封信并说:"郭公临亡,亲笔书此,嘱曰:'丞相若从书中所言,辽东事定矣。'"曹操拆书看毕,点头赞叹。夏侯惇等人不明就里,遂进谏曹操,为防二袁投奔辽东公孙氏,应尽早进兵。曹操却说:"不烦诸公虎威,数日之后,公孙康自送二袁之首至矣。"众人都不信。

话分两头,辽东太守公孙康与其弟公孙恭听闻二袁来投,一方面担心二袁有鸠占鹊巢之意,想杀二人献头于曹操,另一方面却又担心曹操会攻打辽东,有意纳二袁为助,最后商议不忙着决定,先探听消息再说。无比凶险的是,来投奔的袁尚、袁熙兄弟真的早有鸠占鹊巢之意。公孙康没有马上接见二人,等探听到曹操无意兵下辽东的消息后,立刻设宴杀了二人,并取二人头颅献给曹操,借此保住了一方平安。此时,夏侯惇、张辽等人又进谏兵屯易州的曹操早回许昌,曹操却说"等二袁首级至,即便回兵"。众人正笑之时,忽然闻报公孙康遣人送袁熙、袁尚首级而至,众人大惊。曹操这才把郭嘉临死写的信拿给众人看:

今闻袁熙、袁尚往投辽东,明公切不可加兵。公孙康久畏袁氏吞并,二袁往投必疑。若以兵击之,必并力迎敌,急不可下;若缓之,公孙康、袁氏必自相图:其势然也。

读到这里,不得不赞叹郭嘉揣测人心的功力。他不仅料到二袁有鸠占鹊巢之意,也料到公孙康对二袁模棱两可的态度。而能最终决定公孙氏对二袁态度的,就是曹操的态度。如果曹操着急兵打辽东的话,势必会导致公孙氏纳二袁为助,大大增加攻下辽东的难度。而如果先隔岸观火,一直以来担心袁氏吞并的公孙康一定会取二袁首级以献曹操以自保。对人心的解读精准若此,不愧"世之奇士"之名。

郭嘉遗计定辽东

回首郭嘉的一生，他在投靠曹操的短短十一年中屡出奇谋，为曹操献上过不少漂亮的谋略。但是不难想象的是，像郭嘉这样长于精准洞察人心的人，是很难有关系很好的朋友的。当一个人的洞察力，尤其是对人心的洞察力太强，难免会让周围的人对其心生防备。关张能和后进的赵云兄弟相称却不会和诸葛亮为友，鲁肃能和武将出身的吕蒙结为挚友但不会和周瑜交好，都有这方面的原因。而善于洞察人心的郭嘉，不论是在小说还是历史记载中，都没有关系很好的朋友，也并非偶然。

3 毒士贾诩

如果有这样一个人,一生之中跳过三次槽,在跳槽前几乎干掉自己未来的老板,阴事损事没少干,你觉得这个人的结局会怎么样呢?必遭天谴?不得好死?一般情况下,如此劣迹斑斑之人当然会不得好死。然而,在《三国演义》中,就有这样一位谋士,三次跳槽,毒计百出,最终不仅官居高位,还以七十七岁高龄无疾而终。这个人,就是三国著名谋士、曹魏重臣,毒士贾诩。

乱武天下

作为曹魏核心圈的谋士,贾诩在演义中第一次出场,却是作为西凉军阀李傕、郭汜的谋士。董卓被杀后,董卓的部将李傕、郭汜逃到西凉,上表求赦遭到拒绝。这个时候,可以说东汉来到了决定历史的十字路口。因为,董卓

犯长安李傕听贾诩

被杀后，长安出现权力真空，当时，包括曹操、袁绍在内的各路诸侯都没有足够强的实力能扫荡天下，控制大局。如果主事的王允等人能控制好长安，利用好献帝，处理好李、郭势力，那么东汉王朝能至少再多延续几十年。然而，李、郭二人正想逃命的时候，正是贾诩点醒了他们："诸君若弃军单行，则一亭长能缚君矣。不若诱集陕人并本部军马，杀入长安与董卓报仇。事济，奉朝廷以正天下；若其不胜，走亦未迟。"李傕、郭汜顿时明白利害，纠集十余万大军杀向长安。结果吕布败逃，王允被杀。一时间，长安大乱，刚刚见到一点希望的东汉王朝再次陷入浩劫。贾诩仅凭一言便搅得长安大乱，也正是由此，开启了贾诩的"毒士"人生。

智料胜败

在初次跳槽，投奔张绣后，贾诩也不止一次在智谋上有精彩的表现。在第十八回中，曹操和张绣、刘表相拒于南阳，一时未见胜负，曹操回军许昌。张绣想追击，贾诩劝阻说"不可追也，追之必败"，刘表则说"今日不追，坐失机会矣"，于是和张绣一起率军追击。结果，被曹操的后军杀得大败。张绣回军后懊恼不已，贾诩这个时候却说"今可整兵再往追之"。表面上看，贾诩的主意是违反常理的：刚刚以精兵追退兵尚且失败了，这次你还让我们用败兵去追胜兵，这不是自投罗网吗？贾诩则胸有成竹："今番追去，必获大胜；如其不然，请斩吾首。"

在疑虑之下，张绣还是听了贾诩的话。结果竟和贾诩预料的完全一样，"操兵果然大败，军马辎重，连路弃散而走"。张绣在得胜而归之余也很好奇，怎么两次都被你说中了呢？这个时候，贾诩才不紧不慢地道出原因：第一次虽然是以精兵追退兵，但是以曹操用兵水平之高，应该能预料到张绣和刘表会出兵追击，所以早就准备好精锐后军以防追兵。所以第一次追击，虽然是以精兵追退兵，胜算不大。反之，曹操急着退兵，再加上在打退一次追兵后，习惯性地以为不会再有追兵，所以就不做防备，轻装快行而去。正因如此，第二次追击虽然是以败兵追胜兵，但反倒有胜机。就是在对这样看似简单的一胜一败的精准预言中，贾诩的高超智谋体现得淋漓尽致。

劝 张 归 曹

在此之后，贾诩又一次展现其远见卓识的，是在曹操和袁绍正式撕破脸后，力劝张绣投顺曹操。袁曹撕破脸后，双方都在力求扩充实力，拉拢盟友。张绣作为当时夹在袁曹之间的一股弱小势力，自然受到袁绍和曹操的眷顾。当袁绍遣使来拉拢张绣的时候，贾诩的做法是当面扯碎书信，斥退袁的使节。

贾诩这样做，可谓胆识非凡。因为在那个时候，袁绍的实力明显比曹操要强，至少表面如此。按照实力强弱来看，投奔袁绍比投奔曹操明显更有理。张绣也担忧："方今袁强曹弱，今毁书叱使，袁绍若至，当如之何？"贾诩则坚定地主张："不如去从曹操。"在张绣表示忧虑后，贾诩又从容地为张绣分析：首先，曹操挟天子以令诸侯，在名头上更名正言顺。第二条则是贾诩主张离袁归曹的核心原因。袁曹两家相比，虽然袁绍实力更强，但正因为袁绍强，张绣如果投奔袁绍，不一定会得到重视；而曹操正因为偏弱，急需扩充人马，投奔过去则会得到更高的礼遇和更多的重视。最后，像曹操这样有宏图霸业之心的人，往往不会因为一己私怨而不容贤才，因此更有发展机会。如此三条，无不是击中要害、鞭辟入里之论。事实也正如贾诩所言，张绣在归降曹操后，得到了优礼相待，在其他将领还没有达到一千户食邑的时候，他的食邑已早早到了两千户。

绝妙辞令

以上种种，虽无不显示贾诩高瞻远瞩、毒计百出，但真正能让贾诩官居高位,且能善终的,还是他深知精髓的乱世自保能力。曹操在建安二十一年受封为魏王后,嗣子的争夺渐渐明朗起来。曹操手下的文臣武将,也慢慢地分为两派:支持曹丕或曹植。贾诩虽然一开始就看好曹丕,但因为自己不仅屡次跳槽、不大清白,而且在曹营资历尚浅,所以在站队上一直没有什么明显的举动。有一次,曹操屏退左右,单独问贾诩:"孤欲立后嗣,当立谁?"这种情况下,虽然君主以立嗣问题问臣子是高度信任和倚重的表现,但臣子若回答不当,平步青云和不得好死只在一念之间。而贾诩则先保持沉默,当曹操再度追问的时候,贾诩才慢慢回答:"正有所思,故不能即刻答耳。"曹操再问:"何所思?"贾诩也没有正面回答:"思袁本初、刘景升父子也。"

　　这是什么意思?刘表和袁绍都因为废长立幼,导致家族动荡,加速了势力的衰亡。贾诩此言最妙的地方在于,他不说我认为怎么样,而是站在曹操的立场上。或者说,他没直接劝曹操不要废长立幼,而是借两个反面例子委婉表达,将自己对曹丕的支持完美掩盖了起来,间接促成了曹操立曹丕为魏王世子的决心。在此之后,贾诩因怕曹操猜忌,闭门自守,轻易不与别人私下交往。即使是在曹丕篡汉称帝后被拜为太尉,贾诩依旧为人低调,甚少私交。最终于曹魏黄初四年,官至太尉的贾诩,以七十七岁高龄无疾而终。

纵观贾诩一生，虽毒计百出却始终泰然自若，三次跳槽却始终安然无恙。更为难得的是，他虽然半主动半被动地参与到了曹操的嗣子之争中，却以极为高明的方式，既表达了自己的立场，又保证了自己的安全，最后安然善终。都说乱世毁人，但是真正会被乱世毁掉的只是那些弱小又不会自保的人。

4 荀彧的矛盾人生

古代,很多能力大、功劳高的臣子在大领导手下都没有好下场。韩信为西汉开国立下了汗马功劳,最终却被刘邦诛杀。李善长为朱元璋开国立下了汗马功劳,最终却被诬为胡惟庸同党而灭三族。张居正在位的时候权势熏天,死后却名节不保,被抄家夺财。同样,《三国演义》中,也有这样一位名臣,极盛时深得主公倚重,最终却被曾经最倚赖自己的主公逼死。这个人,就是曹魏前期的重臣、有"王佐之才"的荀彧。

吾之子房

第十回中,曹操平定兖州后,在当地招贤纳士,荀彧荀攸叔侄是最早来投奔曹操的。小说生动地描写了曹操见到荀彧的心情:"操与语大悦,曰:'此吾之子房也!'"整部《三国演义》中，仅有两个人得到了以张良为比的称赞，除了能比"旺汉四百年之张子房"的诸葛亮外，就是获称"吾之子房"的荀彧。

加入曹操阵营没多久，荀彧就开始展现其突出的"王佐之才"。第十二回中，徐州牧陶谦病死，刘备迫不得已统领徐州。曹操闻知大怒，欲起大兵攻打徐州。这个时候，荀彧站出来劝道："昔高祖保关中，光武据河内，皆深根固本以制天下……明公本首事兖州……今若取徐州，多留兵则不足用，少留兵则吕布乘虚寇之，是无兖州也……今陶谦虽死，已有刘备守之。徐州之民，既已服备，必助备死战。明公弃兖州而取徐州，是弃大而就小，去本而求末，以安而易危也。"

寥寥数语，将曹操攻打徐州的利害关系分析得明明白白。的确，曹操为保全兖州大本营，刚刚和吕布大战一场，元气还未完全恢复。如果此时攻打徐州，带的兵少了，徐州打不下来。带的兵多了，又会导致老家兖州空虚，万一吕布再趁机打过来，大本营势必难保。更何况，刘备统领徐州虽不长，但深得民心，曹操若去攻打，一定会遇到顽强抵抗，就算大军倾巢而出，也绝难速取徐州。荀彧及时为曹操洞见利害，避免曹操陷入一场得不偿失的恶仗，充分展现了"吾之子房"的大才。

驱虎吞狼

在要不要打徐州上,荀彧能精准把控利害得失,不久之后又展现了其决胜千里之外的智慧。第十四回中,曹操迁都许昌后,又准备对徐州用兵。这时,荀彧及时献上一招"二虎竞食"之计:"今刘备虽领徐州,未得诏命。明公可奏请诏命实授备为徐州牧,因密与一书,教杀吕布。事成则备无猛士为辅,亦渐可图;事不成,则吕布必杀备矣:此乃二虎竞食之计也。"此着被刘备识破后,荀彧又将"二虎竞食"之计升级成为"驱虎吞狼"之计:"可暗令人往袁术处通问,报说刘备上密表,要略南郡。术闻之,必怒而攻备;公乃明诏刘备讨袁术。两边相并,吕布必生异心:此驱虎吞狼之计也。"最终成功诱得吕布趁机袭取徐州。整个过程中,曹操未费一兵一卒就使得吕布跟刘备反目,荀彧的"王佐之才"在此展露无遗。

决 胜 官 渡

辅佐曹操拿下徐州后,在关键性的官渡之战中,荀彧再次展现出了"运筹帷幄,决胜千里"的非凡大才。官渡之战前半程,曹操和袁绍相拒于官渡,你来我往,互有胜负。相拒月余,曹操军力渐乏,粮草不继,意图撤离官渡,回守许昌,却又拿不定主意,于是特地写信咨询留守许昌的荀彧。荀彧回信曰:"绍军虽众,而不能用;公今画地而守,扼其喉而使不能进,情见势竭,必将有变。此用奇之时,断不可失。惟明公裁察焉。"力劝曹操努力相持,以待时机。曹操得信大喜,下令全军死守。正是在下令死守后不久,曹操等到了转机:许攸来投,劫烧乌巢粮草,从而逆转危局,大败袁绍。曹操此战进则胜,退则败,成败在一念之间。如果说,鲁肃是赤壁之战最大的隐性功臣,那么,力劝曹操坚守的荀彧,就是赢得官渡之战最大的隐性功臣。

道不同不相谋

屡立大功让荀彧逐渐成为曹操深为倚赖的心腹重臣。但和其他多数重臣不同,荀彧的结局和他曾经的地位相比,却是无比凄惨。第六十一回中,曹操的谋士董昭进言:"自古以来,人臣未有如丞相之功者,虽周公、吕望,莫可及也。栉风沐雨,三十余年,扫荡群凶,与百姓除害,使汉室复存。岂可与诸臣宰同列乎?合受魏公之位,加九锡以彰功德。"九锡在古代是皇帝赐给诸侯、大臣的九种礼器,是最高礼遇的表示。而作为曹操头号心腹的荀彧表示反对:

"不可,丞相本兴义兵,匡扶汉室,当秉忠贞之志,守谦退之节。君子爱人以德,不宜如此。"董昭却无视荀彧的反对,强行上表,进封曹操为魏国公,加封九锡。

面对如此局面,荀彧哀叹:"吾不想今日见此事!"曹操闻知,深恨荀彧,已有杀人之心。同一回中,曹操兴兵下江南,命荀彧同行。知道曹操心思的荀彧托病留于寿春。曹操派人送了一盒饮食给荀彧。荀彧打开视之,却是空无一物。对曹操之意心知肚明的荀彧随即服毒身亡,时年五十岁。

荀彧的结局是悲剧性的,但这种悲剧的根源又不像死忠吕布的陈宫、"宁事庸主"的沮授那样,是简单地跟错了人。荀彧的志向是匡扶汉室,而在当时的诸侯豪强中,刘备有志向但实力不足,袁绍、袁术等实力足够但又缺少德才,而有实力又有可能匡扶汉室的,唯有曹操。所以,胸怀大志的荀彧除了投奔曹操,其实别无选择。但随着势力的膨胀,曹操渐渐有了代汉自立之心。荀彧仍然是东汉尚书令荀彧,而曹操,早已不只是汉丞相曹操了。

5

威风八面张文远

吕布是绝对的三国武力第一人,但是因其反复无常的性格和见利忘义的人品被讽刺为"三姓家奴"。关羽是义薄云天的武圣人,但即使是在蜀汉,也有一部分行伍之人并不是很尊敬他。诸葛亮智计百出,德行高尚,也被周瑜骂成"奸猾之徒"。大凡三国人物,因为立场不同,总会在这里或那里不被人喜欢或尊敬。但是,有这么一个人,不仅在自身所处的曹魏集团没有任何私敌,也颇为孙吴集团所忌惮,还和蜀汉要员有良好的私交。这个人,就是曹魏"五子良将"之一,曹魏仅有的两位列入唐代"武庙六十四将"的张辽。

义 士 之 交

张辽第一次正式出场,是在第十八回中,吕布再次和刘备撕破脸，攻打刘备暂据的小沛。吕布大将张辽率军攻打西门，关羽在城楼上看到张辽仪表不凡，对张辽说道："公仪表非俗，何故失身于贼？"张辽被关羽此话打动而"低头不语"。可以看到，张辽此时虽然是吕布麾下武将，但是在被关羽所劝谕后，也颇有自悔之心，引军退到东门后，又远远退去。张飞看到张辽退兵，正要追赶，被关羽叫回城。关羽向张飞解释道："此人武艺不在你我之下。因我以正言感之，颇有自悔之心，故不与我等战耳。"关羽看出，张辽虽然是吕布麾下武将，但他并不是吕布那样反复无常、见利忘义之徒，而是更接近关羽，有忠义之心的壮士豪杰。到第二十回开头，吕布、张辽被俘、曹操假意要杀张辽的时候，才有关羽"跪于面前"并"愿以性命保之"的举动，从这里，就已经奠定了关羽和张辽非同一般的私人关系了。

紧接着此处，便是《三国演义》中颇为著名的一段情节——关羽降曹。第二十四回中，曹操再败刘备，进抵下邳，张辽念及白门楼救告之恩，主动请缨要劝降关羽。也正是张辽，凭着精妙的说辞和对关羽忠义之心的精准把握，成功劝服关羽不必求死，可暂投曹操。在关羽暂投曹操期间，也是张辽两次探问关羽；在关羽即将离去之时，也是张辽去送别关羽。在此过程中，一步步加深了关羽和张辽"豪杰敬豪杰，义士惜义士"的深情厚谊。

大 将 风 范

在此之后，张辽一直作为曹操麾下的第一员猛将南征北战，败袁绍、破乌桓，不仅屡立战功，还对曹操有救命之恩。赤壁之战中，曹军中了孙刘联军的火攻计后，黄盖望曹操而追。幸亏张辽张弓搭箭，一箭把黄盖射落入水，才救下曹操。

在赤壁之战后，张辽作为曹操所倚重的屏藩大将镇守合淝，也曾展现出非同一般的大将之才。第五十三回中，孙权进攻合淝，被张辽杀退一阵，随后又让太史慈手下一个和张辽手下的养马后槽是弟兄的小卒戈定作为内应，意图刺杀张辽，进取合淝。张辽在得胜当天，下令三军不许解甲休息。他解释道："为将之道，勿以胜为喜，勿以败为忧。使吴兵度我无备，乘虚攻击，何以应之？今夜防备，当比每夜更加谨慎。"当夜那个养马后槽放火叫反，意图引发内乱，张辽十分镇定："岂有一城皆反者？此是造反之人故惊军士耳。如乱者先斩！"随后便擒获戈定，并利用太史慈的计划反将一军，不仅大破吴军，还击杀太史慈。张辽在此次战役中所体现出来的"勿以胜为喜，勿以败为忧"的为将之道，和遇事镇定自如、从容应对的风度，无不是值得所有统兵作战之人学习的。

威 震 江 东

当然，真正将张辽的声望和地位推上顶峰的，还是他那名震天下的逍遥津之战。第六十七回中，孙权趁曹操远征汉中，合淝空虚，起十万大军再攻合淝。此时，张辽在合淝的全部守军不过数千人。面对压倒性的人数劣势，张辽毫不畏惧："主公远征在外，吴兵以为破我必矣。今可发兵出迎，奋力与战，折其锋锐，以安众心，然后可守也。"张辽与李典共带两千余人，就杀得吴军大败，而且差点抓住孙权。

其实，历史上的合淝之战真正发生过，张辽仅率领八百余人就杀得吴军魂亡胆丧，即使是演义里增多至数千人，双方兵力也已经算是相当悬殊的了。此后相当长的一段时间，东吴人对张辽的敬畏甚至达到了"闻张辽大名，小儿也不敢夜啼"的程度。

纵观张辽一生，于曹魏，他是值得信赖的屏藩大将；于蜀汉，他是让武圣人关羽都敬重有加的义士豪杰；于孙吴，他是威名能止小儿夜啼的强大对手。放眼《三国演义》中，虽然不乏长袖善舞之人，但是，能在如此广大的范围内都有这么高的评价，除张辽以外，再无他人。

张辽威震逍遥津

6 两个朝代的掘墓人司马懿

汉末三国的大乱世,政局动荡,王朝更迭,很多人都有意无意地参与到了改朝换代的过程中。曹操架空汉室,为废汉建魏铺平了道路。司马师废除曹芳,加速了晋代魏的历程。然而,有一个人不仅参与了魏代汉的历程,更亲自开启了晋代魏之路。这个人,就是为诸葛亮所忌,被曹操评价为"狼顾鹰视"的司马懿。

初 入 仕 途

似乎注定要成为诸葛亮最大对手一般,司马懿在演义中初次登场于第三十九回,仅比诸葛亮晚了一回。演义中没写的是,早在正式被征召到曹操麾下的七年前,司马懿就被时任司空的曹操所征辟。但是当时,司马懿看到东汉政权实际上已经被曹操所控制,而且曹操又是"赘阉遗丑"，不愿意屈节在曹操手下，便借口自己有风麻之症，拒不出仕。

然而，逃得过初一逃不过十五。建安十三年，曹操在自任丞相后，强行征召司马懿为文学掾，之后又历任黄门侍郎、议郎、丞相东曹属、丞相主簿等职。司马懿在曹操手下，虽然一直兢兢业业，但老谋深算的曹操还是发现了司马懿谨慎多疑、心怀不轨的"狼顾之相"，并告诫曹丕"司马懿非人臣也，必预汝家事"。但曹丕一向和司马懿交好，并不听曹操。此时的司马懿在老谋深算的曹操控制下，并不敢有任何行动，一直勤勤恳恳，渐渐让曹操安下心来。

崭露头角

司马懿投到曹操麾下后，一直低调做事，低调做人。第一次真正开始出头，是在第七十三回中。刘备自立为汉中王，惹得曹操大怒，意图再率大军征讨刘备。司马懿这时跳出来说："臣有一计，不须张弓只箭，令刘备在蜀自受其祸；待其兵衰力尽，只须一将往征之，便可成功……今可差一舌辩之士，赍书往说孙权，使兴兵取荆州；刘备必发两川之兵以救荆州。那时大王兴兵去取汉川，令刘备首尾不能相救，势必危矣。"司马懿此计之高在于，挑动孙吴和蜀汉本来就因为荆州问题而存在的矛盾，使孙吴和蜀汉互相攻击，达到借刀杀人的目的。

在此之后，关羽水淹七军，擒于禁、斩庞德，威震华夏，曹操意欲迁都以避其锋芒的时候，也是司马懿出来进劝曹操联吴攻蜀："今孙、刘失好，云长得志，孙权必不喜；大王可遣使去东吴陈说利害，令孙权暗暗起兵蹑云长之后，许事平之日，割江南之地以封孙权，则樊城之危自解矣。"之后的事实和司马懿所预设的完全一样：吕蒙白衣渡江，袭取荆州，徐晃又引兵夹攻。关羽在吴魏两国的夹击之下兵败身死，蜀汉一度形成的盛势就此破灭。

擒斩孟达

荆州一役，司马懿只提了两条建议，属于间接促成了此场大胜。之后在抵御诸葛亮北伐的过程中，司马懿则是真正亲临一线，成为阻挡汉军的中流砥柱。他的老谋深算连诸葛亮都颇为忌惮，所以在第一次北伐前，后者先用离间计使司马懿遭贬，然后才出师北伐。在曹魏阵营中，除了司马懿外，无论是草包驸马夏侯楙，还是曹操的侄子曹真，都远不是诸葛亮的对手，一路被诸葛亮打得找不着北，逼得魏帝曹睿不得不重新启用司马懿。司马懿甫一启用，就立下大功：擒斩孟达，将诸葛亮的精心布局扼杀在萌芽之中。

蜀将孟达在降魏后起初尚受重视，因魏明帝曹睿时渐渐失宠，便暗中准备和正在图谋北伐的诸葛亮里应外合，袭取洛阳，但举事并不机密，下属之一的金城太守申仪向司马懿告密。司马懿闻知消息，并没有按照孟达以为的那样，先写表章奏明曹睿再行动，而是当机立断，即刻起兵讨伐孟达，而且下令一日要行二日之路。并在孟达仅仅举事八日之后就杀到上庸，打了孟达一个措手不及。斩杀孟达后，司马懿不仅得到了曹睿的高度赞扬，还获得了"赐金钺斧一对，后遇机密重事，不必奏闻，便宜行事"等极高的特权。

北 抗 诸 葛

伴随着干净利落地擒斩孟达，司马懿开始了与一生宿敌诸葛亮的多年对垒。《三国演义》为了拔高诸葛亮，一而再、再而三地"安排"司马懿被诸葛亮玩弄于股掌之中。实际上，诸葛亮在六出祁山的过程中虽然时有获胜，但是基本上没直接从司马懿手里讨到什么便宜。司马懿面对诸葛亮来势汹汹的进攻之所以能屹立不倒，依靠的其实也就是简单的四个字：坚守不战。殊不知，这看似简单的四个字背后，包含着并不简单的耐心和气度。

第一百零三回中，诸葛亮在火烧上方谷功亏一篑后，司马懿继续坚守不出。诸葛亮为了引诱司马懿决一死战，准备了一套女人的巾帼缟素，并修书一封，讥讽司马懿统领大军却避而不战，与妇孺无异。司马懿看了以后，虽"心中大怒，乃佯笑曰'孔明视我为妇人耶！'"竟毫不客气地接受了这份在常人看来是奇耻大辱的"礼物"，然后继续坚守不战。急于决战的诸葛亮，面对司马懿以不战为战的策略无计可施，徒费心神和国力，最终"星落秋风五丈原"。

蚀魏专权

耗死诸葛亮使司马懿在曹魏的地位更加不可撼动。但司马懿似乎还不满足，在此之后又开始架空魏室、为夺权铺路。他先是在抵御诸葛亮北伐的过程中有意无意地借诸葛亮之手铲除了曹魏宗族中最后一位有能力与他抗衡的曹真，以及最后一位曹操时期的老将张郃，然后又在曹睿死后正式开始了夺权之路。

曹睿临死前，指定司马懿和曹真的儿子曹爽为辅政大臣，辅佐他的儿子曹芳继位。然而实际上，不论曹芳还是曹爽，在计诈权谋上，连给司马懿提鞋都不配。曹爽担任辅政大臣后，仗着兵权在手，作威作福、骄奢淫逸，对潜在的危险浑然不觉。司马懿在被曹爽剥夺兵权后，以退为进，装病不出。有一次，曹爽令属下李胜借外任刺史之机探司马懿的虚实。司马懿则借此机会，上演了一出精彩绝伦的装病大戏：

> 乃去冠散发，上床拥被而坐，又令二婢扶策，方请李胜入府。胜至床前拜曰："一向不见太傅，谁想如此病重。今天子命某为荆州刺史，特来拜辞。"懿佯答曰："并州近朔方，好为之备。"……胜曰："太傅如何病得这等了？"左右曰："太傅耳聋。"……懿看之，笑曰："吾病的耳聋了。此去保重。"言讫，以手指口。侍婢进汤，懿将口就之，汤流满襟，乃作哽噎之声曰："吾今衰老病笃，死在旦夕矣。二子不肖，望君教之。君若见大将军，千万看觑二子！"言讫，倒在床上，声嘶气喘。

这一出精彩绝伦、惟妙惟肖的装病大戏，使得曹爽彻底放下了对司马懿的戒心，在声色犬马飞扬跋扈的路上越走越远。不久，曹爽奏请曹芳出城祭拜先帝。司马懿则趁此机会发动高平陵政变。他先上表奏称曹爽"背弃顾命，败乱国典；内则僭拟，外专威权"，打乱曹爽阵脚，然后又哄骗曹爽"不过要削去兵权，别无他意"，使得曹爽一步步堕入司马懿的圈套，最终，被司马懿以"诬人反情，抵罪反坐"为名,斩首灭族。曹芳迫于压力,封司马懿为丞相,加九锡,并令其与二子司马师、司马昭同领朝政。至此,司马懿铲除皇帝辅翼,专擅朝政,完全走上了和曹操几乎一模一样的专权篡国之路。

纵观司马懿一生可分为三个时期:在曹操麾下时兢兢业业,参与了摧垮汉朝的进程;曹魏时期拖死了蜀汉的支柱诸葛亮,间接加速了蜀汉的衰亡;后来又一步步铲除曹魏宗室,动摇了曹魏的根基,培养的两个儿子最后成了曹魏的掘墓人。不管是有意还是无意,司马懿是唯一一个既参与了魏代汉,又参与了晋代魏进程的人,在此引诗一首,向这位影响了三个世代的迭代枭雄致意:

开言崇圣典,用武若通神。
驱兵屯虎豹,养子得麒麟。
三国英雄士,四朝经济臣。
诸葛常谈羡,能回天地春!

「二」 蜀汉忠义

1
刘备的戏精人生

"戏精"是现代网络流行语,主要指一个人善于演戏,人前一套人后一套。一般而言,如果一个人戏精属性太重,老是喜欢表演,多半不会有多高的评价。然而,三国时期,却有这样一个人,明明善于演戏,一生演戏无数,却在史书上和民间文学中留下了无数称赞。这个人,就是汉帝苗裔,蜀汉的建立者,昭烈帝刘备。

杀 人 于 舌

说到刘备前后不一的表演,有一处绝对不能不提。第十九回中,刘备随曹操追击吕布,并破之于下邳城。吕布、陈宫等人被绑到曹操面前。陈宫宁死不降,为了表示敬重,曹操竟亲自送陈宫下楼就刑。趁曹操不在,吕布对刘备说:"公为座上客,布为阶下囚,何不发一言以相宽乎?"刘备未答一言,只是点头而已。等到曹操上来,以为求生有望的吕布对曹操说:"明公所患,不过于布;布今已服矣。公为大将,布副之,天下不难定也。"面对吕布这样一个大杀器的服软,已有三分心动的曹操征求刘备的意见。刘备此时却说:"公不见丁建阳、董卓之事乎?"言下之意就是,吕布认了两个干爹,又杀了两个干爹。难道现在你想当他的第三个干爹吗?吕布闻言大叫:"是儿最无信者!"随即被曹操下令缢死。

读到这里,不免感叹刘备出尔反尔,言而无信。然而很多人想不到的是,刘备劝曹操的话表面上是为曹操着想,不要收留吕布这样一个"惯会杀父"的"孝子",实际上却是有深层考虑的。因为,论权谋手段、御下之术,曹操在《三国演义》中是数一数二的人物,远非丁原、董卓这种货色可以相比。在曹操的用人之术下,吕布极有可能被调教成碾压许褚典韦,胜过关羽张飞,而且对曹操忠心耿耿的大杀器。一旦让曹操这个代表三国权谋心术最高水平的奸雄和吕布这样一个代表三国武力巅峰的大杀器相结合,天下将再无与之抗衡之人。刘备这样一位天下唯二的英雄,当然不希望让这种事情发生。所以,在这里逮着机会,用一句话除之,就是再自然不过的事了。

诈呆装痴

当然,展现刘备戏精属性的,最有名的应该要属那一出了。第二十一回中,刘备被曹操软禁在许昌。为了掩藏争天下的雄心,提防曹操谋害,哥几个在住处后园种菜,还亲自浇灌。一天,正在后园浇菜的刘备被曹操请到府中,青梅煮酒,开怀畅饮。

喝了一会儿,曹操手指亭檐上的龙纹装饰,对刘备言曰:"使君知龙之变化否?"刘备装模作样:"未知其详。"曹操先有模有样地说了一通,然后话锋突转:"龙之为物,可比世之英雄。玄德久历四方,必知当世英雄。请试指言之。"刘备还在装傻:"备肉眼安识英雄?"实在推辞不过,才依次指出袁术、袁绍、刘表、孙策等人,这几位被曹操一一否定后,刘备又开始装傻:"舍此之外,备实不知。"等曹操说出英雄人物的本质:"夫英雄者,胸怀大志,腹有良谋,有包藏宇宙之机,吞吐天地之志者。"刘备决心将装傻进行到底,既不承认自己是英雄,也不说破曹操是英雄,而问"谁能当之"?曹操这时才说出那句名言:"今天下英雄,唯使君与操耳!"刘备闻言大吃一惊,手中的筷子落在地上。此时天正打雷,刘备从容地俯身捡起筷子并说"一震之威,乃至于此"。只此一语,便把自己从曹操口中

"胸怀大志，腹有良谋"的英雄变成了一个害怕打雷的胆小鬼。应变若此，真乃"随机应变信如神"也！

重臣轻子

除了流传千古的青梅煮酒论英雄外，另外有一处情节的知名度并不逊色。

第四十二回中，被曹军冲散的赵云几生几死，七进七出，才保着阿斗杀出重围，和刘备会合。见到刘备，赵云伏地而泣，把正睡着未醒的阿斗从怀中解下，双手递给刘备。刘备接过阿斗，却故作惊人之举：将阿斗一把扔在地上并说："为汝这孺子，几损我一员大将！"在古代，子孙后代是非常重要的。尤其是对刘备这样一个年过不惑才得一子、又有帝王雄心的人而言，一个能充当未来继承人的嫡子的重要性是不言而喻的。刘备在这里为了结赵云之心而故意把亲儿子扔在地上，不管是发自内心的真诚举动还是富有心机的演戏，这一掷幼子以结人心之举都深深打动了赵云，"赵云忙向地下抱起阿斗，泣拜曰：'云虽肝脑涂地，不能报也！'"如果说在此之前，赵云还存有一点点离开刘备的可能，那么随着刘备这真真假假的一掷，赵云从此，便算是彻底地把自己一片真心，都交给了刘备。

2 神坛上下的诸葛亮

小说作为文学作品,不可避免的会有很多虚构成分。在很多历史演义小说中,不少在历史上有史可查的人物的表现被拔得虚高,《三国演义》中的诸葛亮就是如此。然而,即使按《三国演义》的描写,那个"多智而近妖"的诸葛亮,其实也是犯过严重错误的。

神 坛 之 上

诸葛亮在《三国演义》中的形象是非常多元的。首先,诸葛亮是一位料事如神的先知。赤壁之战过程中,周瑜无论是反间计杀张允蔡瑁,还是和黄盖合用苦肉计,虽然都没有提前告知,但都瞒不过未卜先知的诸葛亮。曹操走华容,诸葛亮料定了关羽必定会放走曹操而故意派他去守华容。周瑜几次用计想取荆州,都被诸葛亮谈笑之间将其瓦解。刘备夷陵之败，诸葛亮提早很久就有所预料，并设下石兵八卦阵以待陆逊。如此种种，其未卜先知，真状如神仙。

除了料事如神的先知外，诸葛亮还是个用兵如神的军师。第三十九回的博望之战，诸葛亮处于绝对的兵力劣势，他镇定自若，一把大火烧杀曹军近十万人。赤壁之战，诸葛亮略施小计便借得十万多支箭，然后又在华容道连伏三军，杀得曹操魂亡胆丧。刘备在西川受困，是诸葛亮率兵赶到，计杀张任，又用离间计收服马超，进而兵不血刃拿下成都。汉中之战，诸葛亮用连环伏兵计，杀得曹军锐气堕尽。刘备病逝，曹魏五路伐蜀，诸葛亮高坐成都，兵不血刃使五路来敌化于无形。平定南蛮，诸葛亮火烧藤甲等，玩孟获于股掌之间。六出祁山，郭淮、曹真、司马懿，一个一个都被诸葛亮打得找不着北。可以说，在《三国演义》中，诸葛亮是众人眼中真正意义上的智慧化身。

神 话 背 后

但是实际上，诸葛亮真的有那么厉害吗？其实，在先知和军神形象之外，诸葛亮也是犯过错误的。有的错误，甚至可以算得上很严重。

首要的大错，是诸葛亮在第三十八回中提出的战略规

划。在这一回中,面对刘备的问计,诸葛亮提出了那份名留青史的《隆中对》:

> 自董卓造逆以来……今操已拥百万之众……孙权据有江东……荆州北拒汉、西……益州险塞,沃野千里……将军既帝室之胄,信义著于四海,总揽英雄,思贤如渴,若跨有荆、益,保其岩阻,西和诸戎,南抚彝越,外结孙权,内修政理;待天下有变,则命一上将将荆州之兵以向宛、洛,将军身率益州之众以出秦川,百姓有不箪食壶浆以迎将军者乎?诚如是,则大业可成、汉室可兴矣。此亮所以为将军谋者也,唯将军图之。

这份战略规划先分析了当前主要势力的态势,然后指出了荆州、益州两块立足之地的特点,随后又为刘备规划好了进取中原的路径,概括地讲,就是"东和孙权,西据荆益。南抚彝越,北抗曹操"。表面上看,它思虑周密,又非常详细具体,但实际上,这份战略规划是存在不可调和的内部矛盾的。因为,这份规划有两个支柱,分别是"西据荆益"和"东和孙权";但是在孙权那边,谋士鲁肃为孙权提出的类似的战略规划《榻上策》中,也要孙权"意长江所极而据守之",换言之就是也要据有荆州。所以,蜀汉如果想"据有荆益",就不可能真正、持久地做到"东和孙权",也就是说,《隆中对》这份看似翔实具体的规划,其实带有不少书生气或想当然成份。诸葛亮一生都没意识到其中的问题,并一直在为这样一份注定要失败的战略规划努力,不能不说这是战略眼光上的严重不足。

其次,便是诸葛亮在《三国演义》中最为重要的一次用人失误——重用马谡。刘备在白帝城对诸葛亮托孤的时候,曾特别专门叮嘱诸葛亮"马谡言过其实,不可大用"。但诸葛亮组织第一次北伐,面对至关重要的街亭守将一职的选择,还是将刘备的叮嘱置若罔闻,一意孤行地选择了惯于纸上谈兵的马谡,导致街亭丢失,让第一次北伐功败垂成。自己识人不透,又不听先帝叮嘱。这不能不说是诸葛亮重大的失误。

料事如神的先知、用兵如神的军神,这两个如此强大的能力,和战略规划不周、识人不明这两个如此突出的缺陷出现在同一个人身上,尤其是出现在诸葛亮这样一个广受敬仰的人物身上,看似矛盾但也合理,这也说明:小说角色也好,现实人物也罢,都没有完美的存在。喜欢强大、优秀的部分,接受弱小、不足的部分,这才是理解小说人物、处理人际关系的应有态度。

3

关羽的封圣之路

不管在哪个领域,要做到一个"圣"字,总是要在一定方向上做到登峰造极,顶尖中的顶尖。杜甫因在现实主义诗歌上登峰造极的水准而被奉为诗圣。李时珍因身体力行为人类医药学做出的巨大贡献而被尊为药圣。然而,《三国演义》中有这么一个人,明明在个人能力上并非最顶尖的那一个,在后世却被不断神话,达到了和孔圣人并列的地步。这个人,就是祠堂遍天下的武圣人,关羽。

初 展 神 威

似乎是为了强调关羽在《三国演义》中独一无二的地位,关羽在演义中登场没多久,就展现了他的神威武艺——温酒斩华雄。第五回中,十八路诸侯在汜水关下和董卓手下猛将华雄对峙。鲍信弟鲍忠、袁术部将俞涉、韩馥部将潘凤先后出战,均被华雄秒杀,众皆大惊失色。

这时,早已按捺不住的关羽大呼而出:"小将愿往斩华雄头,献于帐下!"袁术和袁绍知道关羽只是一个马弓手,非常不屑:"汝欺吾众诸侯无大将耶?量一弓手,安敢乱言!与我打出!""使一弓手出战,必被华雄所笑。"在曹操的大力保举下,关羽才得以出战。出战之前,曹操特别热了一杯酒,让关羽喝了再走,关羽却说:"酒且斟下,某去便来。"遂出帐提刀,飞身上马。随即,"众诸侯听得关外鼓声大振,喊声大举,如天摧地塌,岳撼山崩,众皆失惊"。正要派人打听,关羽已提华雄之头,掷于地上。这时,曹操热给关羽的那杯酒,居然是温热的。要知道,在汉末三国这样仍主要用金属酒器来喝酒的时代,热酒是凉得很快的。出去斩杀敌方一员猛将回来酒仍温热,可见动作多快,武艺多高强!仅此一段,关羽的神威武艺,便已见端倪。

身 曹 心 汉

温酒斩华雄展现了关羽的神威武艺,而暂投曹操期间的表现在进一步渲染关羽武艺的同时,还体现了关羽作为武圣人义薄云天的高洁品格。第二十五回中,刘备被曹操打败,独自逃难。关羽因留守下邳,被爱慕已久的曹操诱出城外,困在一座土山之上。最终,在张辽巧妙的说辞之下，关羽同意以约定三事为条件，暂投曹操。

在曹营期间，曹操给了关羽非常丰厚的待遇，然而这种顶级待遇，都没能打动关羽一丝一毫。曹操先"备绫锦及金银器皿相送"，关羽都送给二位嫂子。"又送美女十人，使侍关公"，关羽又都送到内门服侍二嫂。又有一天，曹操用珍贵的锦缎做了一身战袍送给关公，关羽虽然接受，却将其穿在旧战袍之内。曹操问之，关羽答曰："旧袍乃刘皇叔所赐，某穿之如见兄面，不敢以丞相之新赐而忘兄长之旧赐，故穿于上。"又一天，曹操请关公赴宴，散席时，见关羽马瘦，大手一挥把从吕布那儿缴来的赤兔马送给了关羽。关羽大喜拜谢。曹操这时候却不高兴了，说："吾累送美女金帛，公未尝下拜；今吾赠马，乃喜而再拜，何贱人而贵畜耶？"关羽则答曰："吾知此马日行千里，今幸得之，若知兄长下落，可一日而见面矣。"曹操闻之，"愕然而悔"。身在曹营心在汉，一举一动不忘兄长，虽受厚恩，随时不忘兄弟恩义。如此义士，让奸诈一生的曹操也为之折服："事主不忘其本，乃天下之义士也！"

恩义如山

如果说在暂投曹操期间的种种表现展现了关羽对兄弟恩义的铁石忠心，那么在关羽另一个名垂千古的事迹——华容道中所展现的,则是对曹操知己之情的看重。第五十回中,曹操在赤壁被周瑜一把大火烧得大败后,又接连被吕蒙、甘宁、赵云和张飞持续追杀,带着不多的残兵落荒而逃。至华容道口时,仅有三百余人跟随,且"并无衣甲袍铠完整者"。曹操却还在自作聪明地笑诸葛亮无谋:"人皆言周瑜、诸葛亮足智多谋,以吾观之,到底是无能之辈。若使此处伏一旅之师,吾等皆束手受缚矣。"

言未毕,只听得一声炮响,关羽纵马提刀拦住去路。曹军见状,魂亡胆丧。曹操在程昱的建议下,纵马向前道:"云长别来无恙!"关羽亦有礼貌地欠身答曰:"关某奉军师将令,等候丞相多时。"其实在这里,关羽有礼貌地称曹操丞相而不是大骂曹贼,虽未言明,已有不杀之意。曹操求道"曹操兵败势危,到此无路,望将军以昔日之情为重",极为罕见地在他人面前直呼己名,可谓哀伤之极。当关羽以为自己已斩颜良诛文丑,报过曹操恩情的时候,曹操又用五关六将之事打动关羽。关羽本就是义重如山的性格,想起五关六将之事,当然动了心,随即回马下令"四散摆开"。曹军见状,一起冲了过去。关羽又大喝一声,曹军随即哭拜于地。至此,关羽已是九分不忍。此时,张辽拍马赶到。关羽见了,动起故旧之情,长叹一声,并皆放走他们。即使是对曹操这样一个欺君罔上的"汉贼"和

关云长义释曹操

主公的大敌，因为有恩于己，仍然将其放走，可见在关羽的观念中，义的地位是在忠之上的。关羽之义，可谓义绝千古。

胆识冲天

华容道义释曹操展现了关羽冠绝天下的冲天义气。在接下来的另一情节中，关羽又展现了其作为武圣人的非凡胆识。第六十六回中，孙权因刘备占得西川仍不肯归还荆州而责问鲁肃。鲁肃向孙权献策：请关羽赴会，若催讨荆州不成，再伺机除之。孙权令鲁肃速行。鲁肃遣使请关羽赴宴，关羽欣然答应。面对关平的劝谏，关羽豪气地表示："吾若不往，道吾怯矣。吾来日独驾小舟，只用亲随十余人，单刀赴会，看鲁肃如何近我！"随后又安排关平准备接应。次日，关羽只令周仓随身捧刀，八九个关西大汉跟随，欣然而至。关羽如此镇定，反搞得主场作战的鲁肃"举杯相劝，不敢仰视"。

酒至半酣，鲁肃进入正题："今西川已得，而荆州未还，得毋失信乎？"关羽先是打哈哈："此国家之事，筵间不必论之。"面对进一步责问："乃皇叔但肯先割三郡，而君侯又不从，恐于理上说不去。"关羽也据理而争："乌林之役，左将军亲冒矢石，戮力破敌，岂得徒劳而无尺土相资?"鲁肃还不依不饶:"而皇叔愆德隳好,已得西川,又占荆州,贪而背义,恐为天下所耻笑。"关羽又开始打太极:"此皆吾兄之事,非某所宜与也。"鲁肃还不肯放弃:"某闻君侯与皇叔桃园结义,誓同生死。皇叔即君侯也,何得推托乎?"两人正在你来我往,周仓跳出来说:"天下土地,惟有德者居之。岂独是汝东吴当有耶!"关羽"变色而起",夺过大刀,斥退周仓。周仓心领神会地来到江边,把旗一招,关平船如箭发,向江东而来。关羽趁势装醉,一手提刀,一手挽着鲁肃,扯到江边,吓得鲁肃魂不附体。关羽走到船边,才放开鲁肃,随即作别,看得鲁肃"如痴似呆"。此一番表现,关羽不仅以巧妙辞令让鲁肃没讨到便宜,还预留后路,全身而退,更狠狠地吓了鲁肃一把。对这一段表现,毛宗岗的评价是:"公乃合廉蔺为一人矣!"

用兵如神

单刀赴会的精彩表现展现了关羽的非凡胆识。随后的水淹七军更体现了关羽作为武圣的用兵之智。第七十四回中,曹操闻报樊城危急,令于禁为大将,庞德为先锋,统领大军去救樊城。庞德为了张扬声势,特别造了一口棺材,扬言要取关羽首级。素来骄傲的关羽闻言大怒,领兵出马与庞德交战,第一日与庞德力战百合,不分胜负。第二天才战五十余合，被庞德用诱敌之计，一箭射中关羽左臂。誓报一箭之仇的关羽待箭疮平复，见于禁于樊城之北依山下寨，又见骤雨数日，遂下令预备船只水具。关平还不明就里，关羽解释曰："于禁七军不屯于广易之地，而聚于罾口川险隘之处……待水发时，乘高就船，放水一淹，樊城罾口川之兵皆为鱼鳖矣。"

当天晚上，庞德坐于帐中，忽听得"万马争奔，征鼙震地"，急出帐看时，只见"四面八方，大水骤至；七军乱窜，随波逐浪者，不计其数"。等到天亮，关羽率众将乘大船而来，一路绞杀，生擒于禁、庞德，七路魏军也大半淹死。此一战，关羽巧用天时地利水淹七军，未经激战而大败魏军，充分彰显了其作为一将之帅善用天时地利的用兵之智。

回顾整个《三国演义》，关羽在个人能力上并不是最出色的，而他之所以会在众多历史人物中脱颖而出，成为广受敬仰的武圣人，其核心原因，就在于关羽几乎无条件的义气。我们都知道，曹操在《三国演义》中，主要的形象是一个专擅朝政、欺君罔上的奸雄。但是，关羽并不因曹操是奸雄就忽略曹操对他的恩义。换言之，这种义气是不受人的行为品德影响的，因而更有普遍价值。在古代，战乱不时发生，人口迁徙频繁，在这种时候，普通百姓需要的是简单的生存,而其中相互扶持至关重要。在这种情况下,关羽的这种超越了一切道德和规则的义气,比吕布的武艺,诸葛亮的智慧都更能深入百姓之心。更何况,关羽在义绝千古之余,还具有顶级的武力。有武无义,往往沦为暴力,有义无武,不免失之无力。关羽正是因为兼具冠绝千古的义气与少有敌手的武艺,才能在浩如烟海的古代人物中脱颖而出,成为为后世传颂敬仰的武圣人。

4
不可或缺的莽汉张飞

大凡小说人物,一般来说总是越复杂越值得后人铭记、研究。曹操奸诈百出之外,又爱才惜才,妙于用兵;诸葛亮多智近妖,致德近圣却出师未捷身先死。他们都是性格丰富多元、形象血肉丰满的人物。然而,在《三国演义》中,就有这么一位人物,明明性格扁平,能力单一,却仍然为后人津津乐道,还被立庙祭祀。这个人,就是蜀汉第一猛将,粗莽耿直的代表,桃园三弟——张飞。

疾恶如仇

作为在整个文学史上都排得上号的莽汉形象,张飞在小说中登场没多久,就展现了其疾恶如仇、粗莽耿直的性格。第一回末尾,当时身居中郎将之职的董卓和黄巾军交战大败而归,被刘备三人所救。受了救命大恩的董卓,一听到三人没有任何官职就对他们轻视无礼,惹得张飞大怒:"我等亲赴血战,救了这厮,他却如此无礼。若不杀之,难消我气!"随即便要提刀入帐来杀董卓,还好被刘、关二人劝住。

弃董卓而去后,三人和朝廷大将朱儁合兵一处,一再大破黄巾军。因为不是关系户,刘备只做了个安喜县尉。到任三个多月,政绩良好。督邮(相当于现在的检察官)到安喜县巡视,不仅作威作福,还威逼县吏栽害刘备,甚至殴打为刘备求情的当地百姓。本就性烈如火的张飞见状再也忍不住了,径入馆驿,大喝一声"害民贼!认得我么?"督邮还没来得及说话,就被张飞揪住头发,扯出馆驿,绑在马桩上用柳条着力鞭打,连着打断十多根柳条。若不是被仁德的刘备及时救下,只怕要被张飞打到当场毙命。

忠 义 当 先

如果说怒鞭督邮体现了张飞疾恶如仇的火烈性格的话,那么在关羽千里走单骑后张飞与之相遇时的一番言行,则更好地体现了张飞对大哥刘备和大汉天下那深似大海、坚逾金石的不二忠心。

第二十四回中,刘备被曹操打败,和关张等人全部失散。张飞逃往芒砀山,住了月余,外出探听消息,因借粮不肯,把一个古城的县官赶走,占住城池暂且安身。第二十八回中，关羽过五关斩六将，千里寻兄，来到古城，闻知义弟张飞在此，喜不自胜，不料，却见张飞圆睁环眼，倒竖虎须，舞着丈八蛇矛就朝关羽捅了过来。关羽大惊，闪过而问："贤弟何故如此？"张飞大叫："你背了兄长，降了曹操，封侯赐爵。今又来赚我！我今与你拼个死活！"又对两位嫂子说，"嫂嫂住着。且看我杀了负义的人，然后请嫂嫂入城。"面对关羽的辩白和二嫂的劝解，又义愤填膺地说，"嫂嫂休要被他瞒过了！忠臣宁死而不辱。大丈夫岂有事二主之理！"还顺带怼了一下帮着说话的孙乾，"如何你也胡说！他那里有好心，必是来捉我！"字字句句，无不表达了张飞对关羽暂投曹操这一行为的极度鄙弃和愤慨。在张飞看来，不管有什么理由，只要身陷重围，就应当舍生成仁。张辽口中的"赴汤蹈火，以成匹夫之勇"，在张飞眼里就是对大汉天下和大哥刘备绝对忠心的体现。像关羽这样暂投曹操，虽然是为了保护二位嫂嫂，但在张飞看来，仍然是可耻、可鄙、可诛的背叛。在粗莽耿直，不辨是非的表象下，体现的是张飞对桃园义气无上的看重和对大哥刘备绝对的忠诚。

当阳怒吼

当然，说到张飞的表现，绝对不能不提的就是让张飞名震天下的长坂怒吼了。第四十一回中，刘备在当阳长坂坡被曹军追上，士卒离散，溃不成军。张飞因听糜芳谬报赵云反投曹操，携二十余骑至长坂桥察看究竟，见桥东有一带树木，遂下令让二十余骑把树枝砍下来绑在马尾上，往来驱驰，以为疑兵，自己则在当阳桥上横矛立马，以待追兵。

　　第四十二回中，在张飞接应赵云过桥后，曹军大将文聘引兵追至长坂桥，见张飞立马桥上，疑有伏兵，不敢向前。须臾，张辽、张郃、夏侯惇、夏侯渊、许褚等曹营名将都到，见此场景，都不敢向前，飞报曹操。曹操闻之，亲自来看。张飞见曹方后军青罗伞盖来到，料得是曹操亲到，随即大喝一声："我乃燕人张翼德也！谁敢与我决一死战！"这一喝，喝得曹军尽皆战栗。曹操下令去掉伞盖，对诸将说："我向曾闻云长言：翼德于百万军中，取上将之首，如探囊取物。今日相逢，不可轻敌。"话没说完，张飞第二喝已到："燕人张翼德在此！谁敢来决死战？"这一喝，喝得曹操已有退心。张飞见曹操后军阵脚移动，马上跟上第三喝："战又不战，退又不退，却是何故！"这一喝还没喝完，曹操身边裨将夏侯杰被惊得肝胆碎裂，倒撞于马下。曹操见状，回马而走，曹军兵将也跟着一起奔逃。一时弃枪落盔，自相践踏者不计其数。张飞此次，一喝喝去了曹操伞盖，二喝喝退曹操后军，三喝直接喝死了曹操

近身大将,为在狼狈逃命中的刘备争取到了宝贵的喘息时间,真不愧:

长坂桥头杀气生,横枪立马眼圆瞪。
一声好似轰雷震,独退曹家百万兵。

义释严颜

长坂怒吼显示了张飞无与伦比的勇气胆识。但在诸葛亮加入后,原本粗莽耿直、屡惹祸事的张飞,也渐渐聪明了起来。第六十三回中,起兵伐蜀的刘备在痛失庞统后,不得已请镇守荆州的诸葛亮出马。诸葛亮自领一军之余,又各分一军,让张飞、赵云统领,张飞走陆路,赵云走水路,朝雒城进发。

一路上,张飞所到之处秋毫无犯,直至巴郡,见守将严颜不降,忍不住又露出昔日的莽汉面孔,让一个军士去找严颜传话:"说与老匹夫早早来降,饶你百姓性命;若不归顺,即踏平城郭,老幼不留!"严颜本来也不是很有耐性的人,见张飞如此无礼,大怒,把军士割下耳鼻放回。此一举彻底激怒了张飞,遂引数百军到城下搦战。但见严颜在城上领众军百般痛骂。张飞几次杀到吊桥,都被乱箭射回。第二天张飞又引军搦战,被严颜一箭射中头盔,惹得张飞大骂:"吾拿住你这老匹夫,我亲自食你肉!"第三天张飞引军绕城而骂,又无动静。

搦战不成的张飞教三五十个军士,直去城下叫骂搦战。结果连骂三天对方也不出战。气恼难消的张飞再次改变策略,传令军士四散砍打柴草,寻觅路径。严颜见张飞不来搦战,心中疑惑,遂派十多名军士,混在张飞砍柴的军中探听消息。当天,张飞正在帐中大骂严颜,帐前三四个人来报,探得小路,能偷过巴郡。张飞"冒失"地大声说道:"何不早来说?"随即很"粗率"地满寨告知"二更造饭,三更起兵"。

充作细作的小军探得这个消息,回报严颜。以为张飞中计的严颜大喜过望,当即下令"二更也造饭,三更出城",伏击张飞。当晚,严颜领军伏定,看到"张飞"亲自在前过去,正要抢夺辎重,只听背后一声大喝,真张飞赶到,不过十合,生擒严颜,押到巴郡城中。身被执缚的严颜怒而不跪,大叱张飞:"但有断头将军,无降将军也!"张飞又大怒,喝斩严颜。严颜却全无惧色,厉声喝道:"砍头便砍,何怒也!"面对这种情况,连日来早就不知道受了严颜几肚子气的张飞却回嗔作喜,斥退左右,将严颜扶在正中高坐,低头下拜。严颜感其恩义,不仅当场归降,还借着职务之便帮助张飞一路劝降守关将吏。张飞忍了一时之气,以义释一人之恩,省下无数场鏖战,为救援刘备节约了大量宝贵的时间。也正是由此，标志着张飞由粗莽蛮勇向智勇兼备型将领的转变。

智败张郃

如果说义释严颜体现了张飞不亚于两位兄长的重恩笃义，那么汉中之战大败张郃更体现了张飞作为军事统帅的用兵怪才。第七十回中，曹魏名将，"五子良将"之一的张郃领三万大军攻打张飞驻守的巴西郡。第一次交锋，张郃被张飞和部将雷同用伏兵计杀败，随即退守大寨，坚守不出。相拒五十余日，张飞无计可施，在山前扎住大寨，每日唯有杜康，常喝得大醉。

张飞如此表现，惊动了在成都的刘备。听知张飞终日沉迷醉乡，刘备慌忙问计于诸葛亮。诸葛亮看出了张飞的用意，派魏延"将五十瓮做三车装，送到军前与张将军饮"。魏延解酒到军中，张飞受了酒，在帐前大张旗鼓而饮，还"令二小卒于面前相扑为戏"。张郃以为有机可乘，便传令劫寨。当晚，张郃引军杀到张飞中军，见张飞端坐不动，一枪刺倒，却是一个草人。中计的张郃损失很大，只得领一万残军退守瓦口关。

想借胜利之势乘胜追击的张飞，被张郃用诱敌深入之计，击杀部将雷同。过了一日，想故技重施，诱杀张飞的张郃，却被张飞反将一军，伏击了张郃的伏兵。又吃败仗的张郃势穷力孤,退回瓦口关坚守不出,张飞用当地百姓为向导,轻骑绕到关后,两面夹攻,张郃大败,率仅剩的十余人逃回。至此,汉中前哨战,以张飞大获全胜而告终。此一役,张飞一改往日粗莽耿直的性格,不仅示弱诱敌,还能将计就计,更懂得利用百姓,完全脱离了往日粗莽耿直、有勇无谋的形象,成为能独当一面的大将。

回顾整部《三国演义》,在众多性格复杂饱满,能力多元全面的人物群像中,主要以莽汉形象示人的张飞,显得是那么的扎眼和格格不入。但实际上,这样的莽汉形象,恰是人物众多的长篇小说中不可或缺的。一部小说中,如果每个人都像曹操那样富有心机,像诸葛亮那样足智多谋,不仅会显得人物性格不够丰富,很多故事也会难以展开,缺少波澜。《水浒传》中,有天天把忠义挂在嘴边的宋江,就得有一言不合打死殷天锡的李逵为其增色。《隋唐演义》中,有义气深重的秦琼和足智多谋的徐茂公,就要有见面就知道三板斧的程咬金予以添彩。古人有云"猛以济宽,宽猛相济"。就小说叙事而言,在某种意义上,这也算是"莽以济精"吧。

5 大众情人赵子龙

《三国演义》所描绘形形色色的人物中,年少成名者有之:孙策十九岁起兵,不到两年横扫江东,获封称号"小霸王"。老当益壮者有之:黄忠年近七十,定军山一役身先士卒,斩杀夏侯渊,名垂青史。能得善终者有之:毒士贾诩,计智百出又明于保身,以七十七岁高龄无疾而终。然而,纵观整部小说,能同时做到年少成名、老当益壮和能得善终的,仅有一人。这个人,就是著名大帅哥,忠勇的代表,鼎鼎大名的常胜将军赵云。

年 少 成 名

作为《三国演义》中从登场到退场前后跨度最大的人物,赵云的出场在蜀汉核心人物中是除了刘关张以外最早的。第七回中,十八路讨董联盟解散后,袁绍和公孙瓒为争夺地盘，撕破脸大打出手。在交手中，公孙瓒不敌袁绍麾下大将文丑，几乎要被刺死的时候，"忽见草坡左侧转出一个少年将军，飞马挺枪，直取文丑，公孙瓒扒上坡去，看那少年：生得身长八尺，浓眉大眼，阔面重颐，威风凛凛，与文丑大战五六十合，胜负未分……瓒忙下土坡，问那少年姓名。那少年欠身答曰：'乃常山真定人也，姓赵，名云，字子龙。本袁绍辖下之人，因见绍无忠君救民之心，故特弃彼而投麾下。'"

虽然这只是赵云在演义里的第一次登场，但只此寥寥数语，便将一个武艺高强又胸怀大志的人物形象刻画出来。当时，文丑是袁绍麾下上将，名声在外，赵云还只是一员无名小将。能和名声在外的文丑激战五六十合不分胜负，已然显示出赵云非凡的武艺。更为重要的是，和那些不识明主的人相比，赵云年纪轻轻，却已经能知道要跟随有"忠君救民之心"的主公，而且还能分辨哪些主公有"忠君救民之心"，哪些主公没有。正是在这一战中，赵云遇到了后来让他死心塌地追随的刘备。

终 随 明 主

赵云后来虽然是刘备麾下虎将，但真正跟随刘备却已经是又隔了二十一回的事了。第二十八回中，关羽千里走单骑后,重逢刘备,准备招揽在路上遇到、现在卧牛山的周仓和裴元绍,却见"周仓引数十人带伤而来"。关羽问之,周仓答曰:"某未至卧牛山之前,先有一将单骑而来,与裴元绍交锋,只一合,刺死裴元绍,尽数招降人伴,占住山寨……仓不忿,与那将交战,被他连胜数次,身中三枪。因此来报主公。"关羽引刘备到了卧牛山,"只见那将全副披挂,持枪骤马,引众下山",刘备早已认出了来者,出马大叫:"来者莫非子龙否?"果然,"那将见了玄德,滚鞍下马,拜伏道旁。原来果然是赵子龙"。

刘备见到赵云,也不再藏着掖着:"吾初见子龙,便有留恋不舍之情。今幸得相遇!"没有了公孙瓒这种草包主公的束缚,赵云也不再遮遮掩掩:"云奔走四方,择主而事,未有如使君者。今得相随,大称平生。虽肝脑涂地,无恨矣!"于是,他当天就烧毁山寨,率领剩余人众跟随刘备。由此,结束了半生飘零的赵云,真正开始了作为常胜将军赵子龙的生涯。在跟随刘备后,赵云很快就开始展现他的忠勇无前。第三十一回中,刘备再次败于曹操,几乎丧命,就是赵云,奋力拼杀,保护刘备杀出重围。

单骑救主

说到赵云对刘备的作用,当然不能不提的,就是让赵云名震天下的单骑救主。第四十一回中,刘备被迫携樊城百姓逃难江陵,托赵云保护。结果在当阳县域被曹军追上,刘备不仅和大部队走散,只有三四十从骑跟随。妻儿老小也不知下落,赵云暗下决心:"我上天入地,好歹寻主母与小主人来,如寻不见,死在沙场上也!"

随后,赵云引军在乱军之中寻觅,走没多远,撞见简雍腿上带伤,坐于草堆之中,便派两个小兵保护简雍先回报刘备。又走不多远,在一伙百姓中见到甘夫人,正问话时,又见曹仁部将淳于导抓住了糜竺,正要拿去献功,被赵云一枪刺死,随即让甘夫人和糜竺先与刘备会合,自己再度前往寻找糜夫人和阿斗。历经周折,终于在一处土墙枯井前找到了腿上着枪,怀抱阿斗的糜夫人。赵云再三请糜夫人上马,糜夫人却只不肯,将阿斗放在地上,身投枯井而死。赵云迫不得已,推倒土墙掩盖枯井,将阿斗绑在怀内,夺路而走。未走多远,遇到曹洪部将晏明,赵云干净利落地将其秒杀,冲开一条路,又碰上了曹操麾下大将张郃。交手十余合,不敢恋战的赵云夺路而走,却不小心连人带马陷于土坑内。张郃正要来刺,却见一道红光闪过,赵云的马平空一跃,将赵云带出坑外,把张郃惊退。赵云纵马而走,又被四员袁绍手下降将马延、张顗、焦触、张南拦住,赵云拔青釭剑应战,手起处,"衣甲透过,血如涌泉"。

赵子龙单骑救主

赵云的勇不可当,也惊动了在高处观战的曹操。曹操看到赵云"所到之处,威不可当",急问左右是谁。曹洪飞马大叫:"军中战将可留姓名!"赵云应声而答:"吾乃常山赵子龙也!"素来爱才的曹操被赵云的武勇深深打动,飞马传令各处,务必活捉赵云。赵云也间接因此得免于难。这一波突围,赵云战果辉煌,"砍倒大旗两面,夺槊三条;前后枪刺剑砍,杀死曹营名将五十余员"。本就偏爱蜀汉的《三国演义》,也在此引诗一首,对赵云的功绩大加赞美:

> 血染征袍透甲红,当阳谁敢与争锋!
> 古来冲阵扶危主,只有常山赵子龙。

再 扶 幼 主

单骑救主让赵云在刘备集团的地位急速攀升。但他的神勇表现却仍未停止。第六十一回中,孙权闻知刘备起兵取西川,计划攻取荆州,但被担心身在荆州的孙夫人安危的吴国太喝止。正在为难之时,张昭献策:"今差心腹将一人……下一封密书与郡主,只说国太病危,欲见亲女……玄德平生只有一子,就教带来。那时玄德定把荆州来换阿斗。如其不然,一任动兵,更有何碍?"孙权随即派帐下护卫周善带五百人,诈修国书,前赴荆州。孙夫人果然上当，当即带着阿斗出城上船。

正要开船之际，赵云闻知这个消息，在岸边大叫："且休开船，容与夫人饯行！"周善不睬，只顾催船速进。赵云沿江追赶十余里，见江边有一只小渔船，赵云遂驾小船往大船赶来。看看赶上，赵云弃枪拔剑，纵身跳上大船，被孙夫人怒喝："何故无礼！"赵云此时还保持臣下对主母的礼貌，插剑诺曰："主母欲何往？何不令军师知会？"得到回答后，又进一步追问，"主母探病，何故带小主人去？"孙夫人此时还自以为有理："阿斗是吾子，留在荆州，无人看觑。"赵云则有礼又有力地反驳说："主母差矣。主人一生，只有这点骨血，小将在当阳长坂坡百万军中救出，今日夫人却欲将抱去，是何道理？"自知理亏的孙夫人开始狂怒："量汝只是帐下一武夫，安敢管我家事！""汝半路辄入船中，必有反意！"赵云继续有礼有力有底线地斗争："夫人要去便去，只留下小主人""若不留下小主人，纵然万死，亦不敢放夫人去。"最终，在张飞的接应下，赵云保着阿斗，安全返回荆州。

一 身 是 胆

截江救主展现了赵云忠勇又不失礼节的为臣之道。而在汉水之战中的表现则让赵云获得了一个流传至今的典故。

第七十一回中,黄忠斩了夏侯渊后,曹操亲统二十万大军来为夏侯渊报仇。诸葛亮随即继续点黄忠为将,往截曹操粮草,并同时派赵云辅之。

一番争夺后,黄忠先去截粮,并和赵云约定,若黄忠过午时而不还,赵云当往相助。结果,黄忠杀到曹军粮仓,被张郃、徐晃前后夹攻,围在垓心,情势危急。赵云在营中等不到黄忠,遂披挂上马,引兵三千往救黄忠。一路连斩慕容烈、焦炳两员副将,至北山粮仓下,见黄忠被围,赵云"大喝一声,挺枪骤马,左冲右突,如入无人之境。那枪浑身上下,若舞梨花;遍体纷纷,如飘瑞雪"。一时间,杀得张郃和徐晃心惊胆战,不敢迎敌。赵云救了黄忠,杀透重围,所到之处,曹军但见"常山赵云"旗号,传说当阳长坂之勇,尽皆逃窜。

曹操见状大怒,自率大军来赶赵云。面对即将到来的曹操大军,赵云下令弓弩手于寨外壕沟中埋伏,将寨内枪旗尽皆偃倒,金鼓不鸣。张郃、徐晃引兵杀到蜀寨前,见到如此光景不敢前进。不多时,曹操亲到,催督众军向前。曹军杀至营前,赵云岿然不动,把枪一招,壕中万箭齐发,曹军拨马回走,被蜀军赶到汉水河边,落水死者不计其数。赵云、黄忠和副将张著各引一军追杀。仓皇逃命的曹操又受到刘封、孟达两路人马袭扰。曹操、张郃、徐晃狼狈不堪,不得不弃寨而走。赵云、黄忠占了魏寨,所得军器无数,大获全胜。刘备闻知大悦，看了前后地形，欣然对诸葛亮说："子龙一身都是胆也！"

读到这里，很容易被赵云的武勇和"一身都是胆"的夸赞所震撼。然而很多人看不到的，是赵云汉水大胜过程中被绝世武勇所掩盖的用兵之智。因为，在救了黄忠回到大营后，面对汹涌而来的曹军，赵云如果避寨坚守，其实很难挡住曹军的数量优势；如果弃寨而逃，不仅有被追上的风险，还会影响士气，更会对汉中之战的走向产生不利影响。赵云不闭寨也不弃寨，而是以有兵故作无兵的反向疑兵计，再加上自己单独立在寨门外这一反常举动吓住曹军，做到了反客为主，以少胜多。此一战，赵云表面上是一身是胆，实际上却是浑身是智。

老当益壮

汉水之战让赵云获得了"一身是胆"的高度评价。但赵云仍没有就此停住神勇无前的表现。第九十一回中，诸葛亮在平定南蛮后大点兵将，准备出师北伐。赵云这个时候却站出来表示："我虽年迈，尚有廉颇之勇，马援之雄。此二古人皆不服老，何故不用我耶？""吾自追随先帝以来，临阵不退，遇敌则先。大丈夫得死于疆场，幸也，吾何恨焉？愿为前部先锋！"完全不听诸葛亮再三劝阻，最后甚至表示:"如不教我为先锋,就撞死于阶下!"

事实再次证明赵云并非说大话。第九十二回中,赵云作为先锋在凤鸣山与曹魏西凉大将韩德对阵,并单搦韩德交战。韩德长子韩瑛跃马出战,仅三合就被赵云秒杀。次子韩瑶纵马来战,却又抵敌不住赵云。三子韩琼急挺方天戟前来夹攻,四子韩琪见两个哥哥不能得胜,挺双刀也来夹攻。赵云全然不惧,独战三将。不多时,韩琪中枪落马。赵云拨马便走。韩琼按马射之,连射三箭,都被赵云躲过。韩琼大怒,仍挺戟来赶,却被赵云张弓搭箭,一箭射中面门,落马而死。韩瑶纵马举刀砍来,却被赵云"弃枪于地,闪过宝刀,生擒韩瑶归阵,复纵马取枪杀过阵来……匹马单枪,如入无人之境"。转瞬之间,连克四将。世人皆知黄忠为老当益壮的代名词,却不知在老当益壮上,赵云并不输给黄忠。

赵云老当益壮的英勇表现给诸葛亮的第一次北伐开了个好头,但马谡的言过其实却害得诸葛亮不得不退兵班师。诸葛亮大军退回汉中后,计点军马,不见赵云、邓芝。正欲遣人接应,却报赵云、邓芝到,而且"并不曾折一人一骑,辎重等器,亦无遗失"。诸葛亮急出迎接,并问:"各路兵将败损,惟子龙不折一人一骑,何也?"邓芝代答曰:"某引兵先行,子龙独自断后,斩将立功。敌人惊怕,因此军资什物,不曾遗弃。"诸葛亮大赞赵云,取金五十斤赠之,又取绢一万匹赏赵云部卒。赵云却坚决辞谢:"三军无尺寸之功,某等俱各有罪;若反受赏,乃丞相赏罚不明也。且请寄库,候今冬赐与诸军未迟。"其实,赵云在败而退兵之时,仍能以退为进,斩将立功,严整部卒,比之胜而班师,更难三分,受此赏赐实不为过。而赵云坚决辞谢,彰显了其不吝钱财的高洁品格。

在《三国演义》成书后的四百多年间,赵云始终是最受仰慕的人物之一。这背后的源头,就在小说的塑造。在《三国演义》中,论人物的完美程度,赵云是无出其右的第一人。他足智多谋,汉水之战逆向疑兵反客为主大败曹军。他英勇无双,单枪匹马藐八十三万曹军如草芥。他忠肝义胆,危难之时为救幼主不惜身陷重围。他品德高洁,败而整兵面对应得之赏坚辞不受。正是这样智、勇、忠、义、德各方面都几乎完美的品质,才使得赵云在浩渺如海的小说人物中脱颖而出,成为了让无数男女老少仰慕不已的大众情人。

6 老当益壮黄汉升

六十岁，在年龄上是一个不大不小的坎。以现在的医疗卫生条件，人活过六十岁是再正常不过的事，但是在感个冒、拉个肚子都有可能致死的汉末三国时代，年过六十就算是高寿了。《三国演义》中有名有姓的人物里，超过一半都没有活过六十岁。然而，有这么一个人，虽然在小说中登场的时候已年近六旬，但却在之后十余年中，凭借出色表现，在三国争雄的大舞台上画下了浓墨重彩的一笔。这个人，就是能百步穿杨，在后世成了老当益壮代名词的黄忠。

华丽登场

第五十三回中，关羽看到赵云、张飞分别拿下了桂阳和武陵，也技痒起来，主动请缨去打长沙。诸葛亮虽然允许，却提醒关羽："今长沙太守韩玄，固不足道。只是他有一员大将，乃南阳人，姓黄，名忠，字汉升；……虽今年近六旬，却有万夫不当之勇，不可轻敌。"此时，黄忠虽然并未直接登场，但能让诸葛亮如此在意，黄忠的实力已经显露了两分。

关羽来到长沙后，太守韩玄先派校尉杨龄出战，结果不过三合就被关羽秒杀。黄忠此时才正式上阵，和关羽酣战一百余合不分胜负，韩玄随即鸣金收兵。要知道，关羽是武力和吕布不相上下的人物，更是在后世广受敬仰的武圣。能和关羽激战一百余合不分胜负，黄忠的高超武艺，已然展露无遗。

第二天，领教了黄忠厉害的关羽准备用拖刀计打败黄忠，和黄忠斗了五十余合后诈败而走。黄忠随即赶来，关羽正要转身砍下的时候，却见黄忠马失前蹄，被掀到地上。关羽饶过黄忠，让他换马来交战。这一义气之举打动了黄忠。第三天交战的时候，黄忠本欲诱而射之，却也欲报关羽的不杀之恩，先前两次只把弓弦虚拽响，第三下才一箭射在关羽的盔缨根上。要知道，古代武将头盔的盔缨是很短小的。两将交战，能射中移动中武将的盔缨已经能算是百步穿杨了。黄忠不射关羽的要害而单射中盔缨根。黄忠一骑绝尘的射术和忠正的人品，到此展露无遗。

名扬汉中

黄忠在加入刘备集团后，马上就开始崭露头角。不仅在刘备攻取西川的过程中屡立战功，在之后的汉中之战中，黄忠更是身先士卒，立下不世奇功。第七十回中，黄忠与老将严颜一起迎战曹魏名将张郃。先是前后夹攻，小挫张郃，曹魏前方主帅曹洪拨夏侯尚、韩浩两将来援，黄忠又用诈败骄兵之计，故意连败数阵，退兵数十里，然后反击，一日一夜不仅尽复诸营，而且斩杀韩浩和裨将夏侯德，并拿下曹军粮仓米仓山。这一胜，不仅大挫曹军锐气，也间接使得刘备下定决心，亲率大军，征讨汉中。闻知张郃兵败，曹操不敢怠慢，也亲率大军驻军汉中。初战得胜的黄忠，又在诸葛亮的激将下，以法正为辅，往攻定军山。

知道黄忠来攻，定军山的曹军守将、曹魏名将夏侯渊也没有坐以待毙，而是和他的侄子、裨将夏侯尚用诈败诱敌之计，生擒黄忠裨将陈式。黄忠在法正的建议下，用步步为营、反客为主之法，反擒夏侯尚，并用夏侯尚换回了陈式。之后，黄忠又采纳法正之策，占领了定军山西侧的对山。此举激怒了夏侯渊，他领兵而至，将对山团团围住，大骂挑战。但任凭夏侯渊如何辱骂，黄忠就是不出战。过了半日，见曹军多已倦怠，黄忠"一马当先，驰下山来，犹如天崩地塌之势。夏侯渊措手不及，被黄忠赶到麾盖之下，大喝一声，犹如雷吼。渊未及相迎，黄忠宝刀已落，连头带肩，砍为两段"。在魏蜀吴三国之间的互相攻战中，除了被俘后不屈而死的关羽外,在当场战死的,有名有姓的武将中级别最高的,正是在定军山一役中被黄忠亲手斩杀的曹魏集团核心将领、曹操亲族夏侯渊。由此可知,黄忠虽然加入刘备集团较晚,但论功绩的巅峰,却是毫不逊于关羽张飞等人。

老而愈勇

斩杀夏侯渊使得黄忠一战成名,但黄忠的老当益壮仍未结束。第八十一回中,刘备兴兵伐吴,黄忠以七十五岁高龄担任先锋。下一回中,刘备看到他的两个干侄子勇不可当,对麾下众将感慨老者无用。可虽然是无心之语,但可想而知,被这话大大激怒了的黄忠来到彝陵前线,到吴营搦战先锋潘璋。潘璋遣部将史迹出战,结果不过三合就被黄忠秒杀,逼得潘璋不得不亲自上阵,但他仍然抵不过"奋力恶战"的黄忠,被黄忠引兵大杀一阵,大败而归。虽然之后不久,黄忠因中埋伏,肩窝中箭,当晚殒于军营,但在那个时代,能活过七十而不死已是十分少见,而像黄忠这样,以七十五岁高龄仍能奋勇杀敌的就更加凤毛麟角。也正因如此,黄忠的名字,才逐渐在后世成为老当益壮的代名词,千百年来,广为流传。

也许有人会问:以黄忠举世无双的弓术和能与关羽酣

老黄忠计夺天荡山

战百合的武艺，为什么成名如此之晚呢？这其中的原因是，在归顺刘备前，黄忠先在刘表手下任中郎将，后事韩玄。这两人，一个胸无大志，不思进取，一个残暴不仁，轻贤慢士，都不是像黄忠这样身负大能的人值得跟随的主公。黄忠的起飞，是在跟随了刘备这样一位胸怀大志而且礼贤下士的君主后才开始的。如果他能早个十五到二十年就跟对主公，相信以他的能力，很快就能崭露头角，也就不会只是老当益壮的代名词了。

7

漂泊者马超

不管是在什么时代,很少会有人不想要稳定的生活。一份稳定的工作和一个稳定的住所是稳定生活的基础条件。然而,因为这样那样的原因,总会有人或主动或被动地四处漂泊,汉末三国的动乱时期更不例外。今天,我就带大家认识认识《三国演义》中的漂泊者马超。

少 年 英 雄

作为蜀汉五虎上将之一,马超的初登场不可不谓英勇。第十回中,马腾、韩遂二人领军十余万,杀奔长安,讨伐李傕、郭汜。李郭二人的部将李蒙、王方不知死活,坚持领兵一万五千,往战马腾二人。临阵对敌,马腾大呼:"反国之贼,谁去擒之?"话没说完,只见时年仅十七岁的马超"面如冠玉,眼若流星,虎体猿臂,彪腹狼腰",从阵中飞出。王方欺马超年幼，跃马来战，但不数合就被马超秒杀。马超勒马回阵，李蒙赶来，举枪便刺，却被马超轻身一闪，生擒过去。年方十七岁，初上战场便秒杀一将，生擒一将，后来与关张等并列五虎上将，诚不谬也。

威震潼关

少年英雄的出彩表现虽然亮眼，但真正让马超声望达到顶峰的，还是在讨伐曹操时的表现。第五十八回中，得知父亲马腾被曹操杀害的马超誓报父仇，与其父义弟韩遂起大兵二十万讨伐曹操，并接连用计拿下长安和潼关。不敢怠慢的曹操亲率大军来敌马超。临阵对敌，马超大骂曹操："欺君罔上，罪不容诛！害我父弟，不共戴天之仇！"说罢，挺枪跃马而来，并接连战胜于禁、张郃两位名将，秒杀裨将李通后，马超把枪一招，西凉兵一起冲杀而来，曹兵大败。马超与庞德、马岱引兵百余，径直来捉曹操，并先后大叫："穿红袍的是曹操！""长髯者是曹操！""短髯者是曹操！"杀得曹操割须弃袍，魂亡胆丧。亏得曹洪及时来救，曹操才有惊无险地逃回大营。经此一战，马超之勇扬名天下。被追杀得割须弃袍的曹操再见到马超，毫不吝啬地高赞其"不减吕布当年之勇"，甚至当场失态大叫"马儿不死，吾无葬地矣"！

漂泊无根

然而，似乎正应了曹操的话，马超在复刻了吕布骁勇无敌的武力时，也几乎完美的复刻了吕布的有勇无谋。在潼关初战得胜的马超，最终因中了曹操的离间计被杀得大败。后来，马超投奔西羌，结好羌族，攻打陇西诸郡，无有不克。事业刚刚略有起色，他却又因为杀害凉州刺史韦康惹祸，原韦康的参军杨阜联合诈降马超的梁宽、赵衢，再加上夏侯渊的援军，三路进兵把马超杀得大败。再遭败仗的马超不得已，率马岱、庞德及少量残军到汉中投奔张鲁。此时，正逢刘备与刘璋撕破脸，兵戎相见。马超主动向张鲁请缨，要"生擒刘备，务要刘璋割二十州奉还主公"。

踌躇满志的马超领军前往西川，在葭萌关与张飞遭遇，两人战两百余合，虽未直接失败，已丧三分锐气。随后，爱惜马超武艺的刘备用离间计，逼得马超进退不得，走投无路，在李恢的劝说下投奔刘备。投奔刘备的马超，虽然在征讨汉中时，以及诸葛亮安居平五路时立有功勋，并获封五虎上将，但和其曾经的风光相比，已是相差甚远，到后期更是无所作为，甚至连其病逝的消息，也只是借诸葛亮之口轻轻点出。曾经的西凉锦马超风光不再，年未五旬就黯然病逝，让人唏嘘不已。

甘宁在黄祖手下时被骂成截江贼，投奔孙权后成为第一战将，还被立庙祭祀。张郃在袁绍麾下时屡遭猜忌，投顺曹操后屡立战功，位列五子良将。而马超身负绝世武艺，却在投奔刘备这样一位难遇的明主后风光不再，似乎有违常理。其中的奥秘，正在于其曾经的风光。和甘宁、张郃、甚至同样改投刘备的黄忠不同，马超曾经是割据一方的豪强，二十万大军的统帅。有过这样的身份，就注定了刘备这样一位深通帝王心术的乱世枭雄永远都不可能像孙权用甘宁、曹操用张郃那样毫无保留地重用他。而且，无论是甘宁投孙权，还是张郃投曹操，无论程度如何，都有一定的主动性。而马超投奔刘备，却是因为进退不得，不投刘备就无处可去。两下相较，马超明明身负大能，却在投奔刘备后风光不再，也就不奇怪了。

8 殉道者姜维

人大多都是有理想的,但受主客观条件限制,很多人的理想都难以达成。《三国演义》中,周瑜英年早逝,他的"天下二分之计"未及实施就随之夭折;荀彧一生侍奉曹操,内心却忠于汉室,最终在现实与理想的巨大矛盾中埋葬了自己;当然,更不用说到死都在"誓将雄略酬三顾"的诸葛亮了。除此之外,《三国演义》中还有这样一个人,因为命运的安排,半主动半被动地投顺蜀汉,从此被和原本不是他的理想绑在一起。这个人,就是原属曹魏、在诸葛亮第一次北伐的时候投顺蜀汉,从此和诸葛亮一起被"兴复汉室"的大旗捆绑,最终为之殉葬的姜维。

闪亮登场

作为《三国演义》后期着力塑造的核心人物,姜维甫一出场，就具有了颇高的地位。在九十二回末尾，诸葛亮攻打西凉三郡，先把南安郡团团围住，然后派人诈称南安求救，意图赚得天水起兵救援然后乘虚取之。当天水太守马遵中计，准备带兵救援时，当时在天水任中郎将的姜维却看破了诸葛亮的计策："近闻诸葛亮杀败夏侯楙，困于南安，水泄不通，安得有人自重围之中而出？又且裴绪乃无名下将，从不曾见……以此察之，此人乃蜀将诈称魏将。赚得太守出城，料城中无备，必然暗伏一军于左近，乘虚而取天水也。"

要知道，诸葛亮自初出茅庐以来，智计百出，妙算无双，周瑜的计策在他面前如同儿戏，计诈百出的曹操被他耍得团团转，从来没有人能看穿他的计谋。这次，却被一个名不见经传的小角色识破玄机。在下一回中，姜维在看穿诸葛亮计策后，又进一步献策，要破诸葛亮。赵云引兵攻打天水，被姜维敌住。随后又被马遵、梁虔引兵夹攻，不敌而败。姜维在演义中初次出场，就让妙算无双的诸葛亮和常胜不败的赵云都跌了跟头，这在某种程度上就奠定了姜维非同一般的地位了。

名 师 高 徒

紧接着，在同一回中，计策被识破的诸葛亮知道了姜维的厉害，随即用一系列连环计逼降姜维。在收降姜维的时候，诸葛亮说了这样一番话："吾自出茅庐以来，遍求贤者，欲传授平生之学，恨未得其人。今遇伯约，吾愿足矣。"姜维则"大喜拜谢"。殊不知，正是这样一番话，从此把姜维和蜀汉，和诸葛亮，和他那"兴复汉室，还于旧都"的梦想，牢牢地捆绑在了一起。

在投顺蜀汉后，姜维作为深得诸葛亮倚重的大将和继承人，一直投身在北伐曹魏的第一线。破羌兵，赚费耀，袭散关，在诸葛亮六出祁山的过程中立下了汗马功劳。诸葛亮病危的时候，还特别唤姜维至身旁，将平生所学倾囊相授："吾平生所学，已著书二十四篇，计十万四千一百一十二字，内有八务、七戒、六恐、五惧之法。吾遍观诸将，无人可授，独汝可传我书。切勿轻忽！"维哭拜而受。孔明又曰："吾有'连弩'之法，不曾用得。其法矢长八寸，一弩可发十矢，皆画成图本。汝可依法造用。"也正应了诸葛亮在收降姜维的时候说的"遍求贤者，欲传授平生之学"的话。纵观整个三国时代，没有血缘关系的人之间如此毫无保留地倾囊传授，除了诸葛亮和姜维外，再无他人。

悲 情 征 途

然而，姜维在继承诸葛亮毕生所学的时候，也继承了诸葛亮那注定不可能成功的理想。诸葛亮病逝四年后，姜维继承诸葛亮的遗志，再启北伐中原战车。然而和诸葛亮不同的是，诸葛亮北伐的时候权倾朝野、一手遮天，没有人敢反驳或是限制他，使得诸葛亮能倾尽全力，调动蜀汉的全部资源进行北伐。而姜维北伐的时候，因为姜维是由魏投蜀的降将，在蜀汉的威信有限。每次北伐的时候，费祎等人会以种种理由对姜维施加限制。

就像是命运的安排一样，姜维的北伐历程几乎和他的师父诸葛亮一样，屡战屡败，无功而返，却又百折不挠，屡败屡战。到最后两次北伐的时候，蜀汉上下几乎已经没多少人真正支持他了。而他却几乎完美地继承了诸葛亮对北伐的执着，秉承对诸葛亮的"两个凡是"，近乎病态的把蜀汉拖入灭亡的深渊。在刘禅投降、蜀汉灭亡后，姜维仍然固执地沉浸在对蜀汉的执念中，企图利用伐蜀大将钟会的个人野心复国。就算是在失败将死之际，仍然看不透背后的原因，而是仰天长叹"我计不成，乃天命也！"随后自刎而亡。

亚里士多德有云："吾爱吾师，吾尤爱真理。"然而，姜维自归顺蜀汉时起，就一直执着地追随诸葛亮，追随着他奉若神明的丞相那注定不可能实现的"克复中原、光复汉室"的理想，最终走向了比诸葛亮更悲惨的结局。诸葛亮虽然"出师未捷身先死"，毕竟还以国礼葬于定军山，在全国多地的武侯祠里受万民敬仰。姜维，却计败而亡，死无全尸，在后世留下了无限非议。

姜维背水破大敌

9 庞统：皓月遮星

世人皆知迈克尔·乔丹为篮球之神，却没多少人看到辅佐乔丹拿到六座奥布莱恩杯的皮蓬也是 20 世纪最好的小前锋之一。"韩信将兵，多多益善"的典故家喻户晓，同为名将和西汉开国重要功臣的樊哙却少有人提。古今中外，很多时候都存在这样的情况：一个人明明有本事、功绩也不小，却被同时代另一个本事和功绩更大的人遮盖了，《三国演义》里也不例外。今天，我就带大家看看三国故事中那颗被当空皓月掩盖的莹莹明星——庞统。

连环妙计

似乎是为了奠定在三国众多谋士中的地位，庞统在演义中第一次正式登场，就献上了至关重要的一计。第四十七回中，周瑜派鲁肃问计于庞统。庞统不仅当场点破周瑜和诸葛亮的合掌文字"欲破曹公，须用火攻"，显示了完全不亚于周瑜和诸葛亮的谋略，还点出了火攻欲成的关键因素——"但大江面上，一船着火，余船四散，除非献连环计，教他钉作一处，然后功可成也。"也就是，曹军数量庞大，又以战船的威胁最大，孙刘联军要想战胜他们只能靠火攻。但是曹操的船只分散在宽阔的江面上，就算一艘船着火，其他船只都能及时避开，难以扩大战果。只有想办法让曹军所有船只都钉在一起，才能用一把火解决问题。

在献上妙策后，庞统又和周瑜默契配合，假装偶遇被周瑜软禁的蒋干，和蒋干一起前往曹营。待见到曹操，又不主动献计，只是先看尽曹操旱寨水寨，并一再阿谀曹操："出入有门，进退曲折，虽孙、吴再生，穰苴复出，亦不过此矣。""丞相用兵如此，名不虚传！"说得曹操大喜，并"置酒共饮，同说兵机"，庞统又趁此机会，以"高谈雄辩，应答如流"的口才让曹操殷勤相待。最后，才借问军中良医，向曹操献上连环计："若以大船小船各皆配搭……首尾用铁环连锁，上铺阔板……乘此而行，任他风浪潮水上下，复何惧哉？"不仅用表面上有益的计策让曹操轻易接受，就连献计的过程也是循序渐进、逐渐深入。只此一计，庞统和诸葛亮并列，合称卧龙凤雏，诚非谬赞。

庞统巧施连环计

庞统：皓月遮星

耒阳理事

然而，精妙绝伦的连环计并未让庞统直接获得应有的地位。赤壁大战后，孙刘两家开始在荆州问题上扯皮，庞统未获出头的机会。直到五十七回中，周瑜被诸葛亮三气而死，鲁肃继任大都督，才向孙权引荐庞统。但孙权见到庞统"浓眉掀鼻，黑面短髯"，长相古怪，还未交谈，已经有了五分不喜。言语之中，又听得庞统轻视周瑜，心中愈加不乐，于是请退庞统，不予任用。无奈之下，庞统只得带着鲁肃的推荐信来到荆州，进见刘备。刘备虽比孙权略好，但也竟把庞统这样一位和诸葛亮齐名的大才打发到荆州一百三十里外的耒阳小县去做县宰。

庞统到任后，终日沉迷醉乡，不理政务。消息传到刘备耳朵里，他便派张飞和孙乾到耒阳县去问责。张飞看到庞统宿醉未醒，十分恼怒，没想到庞统却很不屑："量百里小县，些小公事，何难决断！将军少坐，待我发落。"随即升堂坐定，让公吏把百余日所积公务案卷，讼词被告都取来。庞统手中批判，口中发落，耳内听词，曲直分明，并无丝毫差错。不到半日，将百余日所积公务全部解决，并无分毫差错，百姓皆叩首拜伏。要知道，哪怕是现在，如果给你一个明明要三个月才能完成的项目，却只给你半天时间，你一定会大叫不可能。何况在古代，县宰要管一个县的财政收支、刑讼冤狱等方方面面的工作，难度更是不可同日而语。庞统却在不到半天的时间里，完美地解决了百余日的所有工作，如此强大的政务能力让张飞大为震动，慌忙向刘备力荐庞统。刘备这才如梦初醒，拜庞统为副军师中郎将，和诸葛亮共赞方略。

皓 月 蔽 星

然而，似乎是命中注定一般，庞统在受到刘备重用后，就再也没贡献过连环计级别的妙策。第六十回中，益州牧刘璋在二五仔张松的力谏下，决定请刘备入川抵敌张鲁。刘备趁势领兵五万，与庞统、魏延、黄忠等人，往西川进发。行至涪城，刘备与刘璋相聚饮宴，甚是欢情。至晚席散，庞统劝刘备来日请刘璋赴宴，效仿西楚霸王摆鸿门宴的做法，摔杯为号，于宴上杀之。被刘备严词拒绝后，竟准备先斩后奏，在第二天的宴席中以舞剑为名，刺杀刘璋，全然不顾在未得民心的情况下贸然刺杀刘璋可能会带来的种种后果，庞统的出发点是为刘备无疑，但这种擅作主张的作法肯定会触动刘备的某根神经。第六十三回中，见到诸葛亮遣马良送来因观天象得凶兆而提醒小心的书信，认为这是诸葛亮怕他成功而故意相阻，反而贪功冒进，行军至落凤坡，中伏而死。

　　回首庞统在演义中的出场，我们不难发现，庞统在演义中，主要由于在诸葛亮的皓月之光下，成为一颗被人忽视的小星。赤壁之战过程中，诸葛亮舌战群儒、智激周瑜、草船借箭、七星借风，风光无限。而献上连环计，实际作用不亚于、某种程度上还在诸葛亮之上的庞统，却被最大限度地边缘化，甚至还不如受封都督、意气风发的周瑜。

　　不过，从上面几件事情的处理来看，庞统的智力绝对不差，但情商似乎有些缺陷，如此说，他星光暗弱就不是偶然的了。

『三』孙吴荣光

1 为何"生子当如孙仲谋"

一般而言,如果我们说生儿子要像某某人一样,多半是因为那个人足够优秀,能成为儿子的榜样。在《三国演义》中,就有这样一个人,凭借自身的出色表现,赢得了"生子当如孙仲谋"的高度评价。

少年英主

即使是在走上仕途普遍偏早的古代,孙权的出仕也可算得上很早了。第二十九回中,孙权的哥哥孙策先是遭到许贡门客行刺而重伤,后又因于吉缠怨索命而亡。临终前,孙策决定年仅十八岁的孙权为继承人,并留下了著名的"若举江东之众,决机于两阵之间,与天下争衡,卿不如我;举贤任能,使各尽力,以保江东,我不如卿"和"内事不决可问张昭,外事不决可问周瑜"的遗言后溘然长逝。

孙权接掌时的江东，在表面的繁荣下其实暗藏危机。由于孙策刚统一江东不久，地方士族仍有异心。再加上孙权年轻，因此在其最初执掌江东时，局势动荡不安。在这种情况下，孙权以张昭为师，重用周瑜、程普等旧将，先率军消灭李术，得其部众三万余人，再平定宗室叛乱，又大破山越，斩首数千，逐渐稳定了局势。在稳定局势的同时，又广开宾馆，招贤纳士。阚泽、薛综、朱桓、陆绩、凌统、吕蒙、陆逊、徐盛、丁奉等一批智士勇将先后加入，使得孙权麾下人才济济，为孙吴稳定而持久的发展打下了基础。

善于调停

在招贤纳士之余，孙权还展现了被孙策称赞的远胜于自己的"举贤任能，使各尽力"的能力。第三十八回中，孙权进伐黄祖，部将凌操被还是黄祖部将的甘宁一箭射死。同一回中，甘宁因不受重用，在吕蒙的引荐下投归孙权。紧接着的第三十九回中，甘宁作为先锋参加了再伐黄祖之役，并身先士卒，射杀黄祖，立下大功。在庆功宴上，忽见凌统拔剑而起，直指甘宁，要报杀父之仇。孙权再三劝解，并命甘宁领兵往夏口镇守，以避凌统，又给凌统加官晋爵以示安抚，暂时缓和了两人矛盾。

然而，暂时的缓和并没有彻底解开两人的恩怨。第六十七回中，孙吴发兵攻打合淝，先取前哨站皖城。又是甘宁亲冒矢石，身先士卒，仅半日便攻下城池。当晚设宴庆贺，吕蒙盛赞甘宁功劳，却激怒了凌统。凌统于是拔剑而起，想借舞剑之机杀甘宁报仇。甘宁不是傻瓜，随即取两支戟站定"看吾筵前使戟"。对两人意图心知肚明的吕蒙随即舞起刀牌，才将二人分在两边。

眼见即将酿成将领相残的惨剧，孙权及时赶到，再三劝住凌统。第六十八回中，凌统见甘宁劫寨立功，请缨出战，和乐进战到五十余合，正不分胜负时，坐下马被曹军阵中曹休一箭射倒。乐进趁机挺枪来刺凌统。正在危难之际，孙吴阵中一箭射出，正中乐进面门。两军齐出，各救凌统、乐进回营。凌统回营拜谢孙权，孙权却说"放箭救你者，甘宁也"。凌统随即拜谢甘宁，结为生死之交，再不为恶。杀父之仇，本来是相当难以化解的。孙权在凌统和甘宁之间居中调和，不以主公之命强压凌统，其分寸和机会的把握令人折服。

决 胜 赤 壁

执掌江东后对局势的稳定，彰显了孙权作为初任贤君的年轻有为。在决定孙吴命运的历史关口，孙权更展现了作为一代明君的见识气度。第三十九回中，孙权在擒杀黄祖后，班师而回，随即令周瑜在鄱阳湖训练水军，自领主力大军屯扎在和荆州的交界处柴桑,以备随时而来的攻战,显示了良好的战略眼光。

第四十二回中,刘备在当阳长坂被打败后,在关羽和刘琦的接应下化险为夷,驻扎于江夏。孙权闻知消息,当即遣鲁肃以为刘表吊丧为名探听消息,成功请得诸葛亮共赴江东,走出了联手抗曹的第一步。第四十三回中,面对以张昭为代表的投降派再三的请降建议,孙权始终没有听从,最终等到诸葛亮与孙吴主战派核心人物周瑜达成共识。第四十四回中,在柴桑堂上,随着一句"诸官将再有言降操者,与此案同",孙刘联盟正式形成。与此同时,孙权还任命周瑜为大都督,程普为副都督,鲁肃为赞军校尉,领军破曹。在此过程中,短于"决机于两阵之间"、长于"举贤任能"的孙权,对周瑜、鲁肃,乃至客居于此的诸葛亮都给予了充分的信任,在调兵遣将,施谋用计上充分放权,最终换得了一场荡气回肠的赤壁大胜。在决定孙吴命运,乃至决定天下局势的关键当口,孙权均能审时度势,正确决策,使曹魏大受打击,奠定三分天下局势,为孙吴的长远发展打下了扎实的基础。

左 右 制 衡

在赤壁之战的过程中,孙权以其"举贤任能,使各尽力"的本领换得了赤壁大胜，但真正让孙权在史书上扬名立万的，还是他那在中国历史上都少有的、左右制衡的本领。第六十八回中，孙吴与曹魏经历合淝之战、甘宁劫寨、再战濡须口，又是相拒月余不分胜负。在张昭、顾雍的建议下，孙权向曹操求和，两边各自班师。自此，孙曹渐渐交好，孙刘渐渐失和。

第七十三回中，曹操见刘备自立为汉中王，遣说客往说孙权起兵取荆州。孙权先试探性地以子向关羽求亲，遭到关羽无礼拒绝："吾虎女焉肯嫁犬子乎！"孙权闻言大怒，当即决意起兵伐荆。第七十五回中，关羽水淹七军，擒于禁、斩庞德，更加刺激了本就不安分的孙权，让孙权更加坚定了与曹魏联合的决心，并命吕蒙为大都督，起兵取荆州。最终，关羽在曹魏大将徐晃和吕蒙的联合夹击下兵败被擒，不屈而死。

荆州的丢失和关羽的身亡让刘备下决心征讨孙吴。孙权向刘备求和不成，遂在臣下的建议下，遣使向已经篡汉称帝的曹丕服软称臣。曹丕欲趁机折辱孙权，遂遣使封孙权为吴王。孙吴臣僚闻之，进谏孙权应自称爵位而不应受曹魏封王之辱。孙权却自嘲曰："当日沛公受项羽之封，盖因时也；何故却之？"说罢便率百官出城迎接使节，并下拜受封。待受封毕，又命收拾美玉明珠，遣人往曹魏谢恩。孙权虽然受了常人眼中的奇耻大辱，却因此解除了腹背受敌的危险，得以全力应对刘备,最终在夷陵一把火大败蜀军。

曹丕见孙吴大胜,趁势起三路大军伐吴,却被刚刚向自己称臣未几的孙吴一顿痛揍杀得大败。吴魏自此不和。受刘备托孤之重的诸葛亮见状,借曹魏五路伐蜀之机,遣使与孙吴恢复盟好。这样,孙权在十余年中,对外方针经历了联蜀抗魏——联魏攻蜀——臣魏抗蜀——和蜀敌魏的变化,两番和蜀,两番和魏,且最终都能占据上风。这在中国历史上实属少见。

读到此处,难免让人感叹孙权反复无常,朝三暮四。然而,很多人容易忽略的是,同样是在大相径庭,甚至是截然相反的立场之间左右横跳,为什么吕布就是洗不去的"三姓家奴",孙权就是"生子当如孙仲谋"呢?其中奥秘在于:吕布左右横跳,为的大多都是赤兔宝马,美女貂蝉,万斛粮食,乃至一百五十匹马这样眼前的、能抓在手里、相对而言的蝇头小利;而孙权时而和魏,时而敌魏,为的是整个孙吴的存亡发展。和宝马美女、粮食马匹等个人的眼前小利相比,涉及一方政权的存亡发展,任何决策都非儿戏。孙权正是因为能在风云变幻的三国时代正确判断局势,审时度势,左右制衡,能屈能伸,才使得孙吴成为三国时期生存最久的政权,亦证明了"生子当如孙仲谋"的高度评价所言非虚。

孙权决计破曹操

2

最误是周郎

苏轼的词作《念奴娇·赤壁怀古》的知名度很高。但是很多人不知道的是，词中的"羽扇纶巾，谈笑间，樯橹灰飞烟灭"说的并不是诸葛亮，而是同时期的另一个人。这个人，就是三国名将，位列"武庙六十四将"之一的周瑜。

佐 定 江 东

似乎是为了将个人的命运与孙吴绑在一起，周瑜在演义中第一次出场，就是在孙策独立起兵之时："策拜谢，遂引军马……行至历阳，见一军到。当先一人，姿质风流，仪容秀丽……乃庐江舒城人，姓周，名瑜，字公瑾……瑜与策同年，交情甚密，因结为昆仲。策长瑜两月，瑜以兄事策。"孙策见到周瑜，当场大喜："吾得公瑾，大事谐矣!"而周瑜也不负所望,甫一登场,不仅带来了一支部队,还向孙策举荐了两位人才,他们日后成为孙吴核心谋士,即顶梁重臣张昭、张纮。

不仅举荐贤士尽力,周瑜在孙策平定江东的过程中堪称居功至伟。当刘繇和孙策在正面交战时,是周瑜领兵抄了刘繇的后路,打得刘繇毫无恋战之心,后孙策五路齐出,杀得刘繇溃不成军。太史慈困守泾县一时难破,也是周瑜献策,用"围三缺一"之计,逼得太史慈出城被擒。击破王朗时,又是周瑜和程普率军和孙策两下夹攻,大败刘繇。孙策能在不到两年的时间里扫平江东,这军功章,有周瑜一半。

托孤重臣

帮助孙策横扫江东使周瑜成了深得孙策倚重的股肱重臣,孙策的临终托孤则让周瑜进一步变成孙吴的栋梁支柱。第二十九回中,孙策遭到许贡的门客行刺,继而又受于吉缠怨索命而亡。临终前,孙策特别嘱咐孙权:"内事不决,可问张昭;外事不决,可问周瑜。"从此,周瑜成为孙权在军事、外交上深得仰赖的头号重臣。受托孤之重的周瑜也不负众望,在孙权刚刚继位之时,就向孙权举荐了远见卓识不在诸葛亮之下,后来成为周瑜大都督职位继任者的鲁肃。

除了举荐人才外，周瑜还曾经在关键时刻，为孙权图谋大计。第三十八回中，曹操在大破袁绍后，曾遣使让孙权送子入朝随驾。孙权犹豫不决，问计于张昭和周瑜。张昭虽然挑明了"操欲令我遣子入朝，是牵制诸侯之法也"，但同时又表示忧虑："然若不令去，恐其兴兵下江东，势必危矣。"他虽然看破真相，但首鼠两端，并未提出解决之法。周瑜却表示："将军承父兄遗业，兼六郡之众，兵精粮足，将士用命，有何逼迫而欲送质于人？质一人，不得不与曹氏连和；彼有命召，不得不往；如此，则见制于人也。不如勿遣，徐观其变，别以良策御之。"寥寥数语，展示出了周瑜胜过张昭的气度见识。也正是由此，周瑜开始真正展现其安邦定国的大才。

赤壁英姿

之前的举荐人才和谏言献策，彰显了周瑜的识人之明和胆识气度。在赤壁一战中的表现，更将周瑜在孙吴的地位提升到了无人可比的层次。第四十三回中，曹操收降刘琮，大败刘备后，给孙权发了一封暗藏杀气的檄文"……今统雄兵百万，上将千员，欲与将军会猎于江夏，共伐刘备……"大多数孙吴的谋士，包括张昭、张纮等孙策时期的老臣都被檄文中的"雄兵百万，上将千员"吓倒了，纷纷主张降曹。

在这个关键时刻，鲁肃和周瑜站出来，坚决主战。鲁肃的一番金玉良言虽然站在孙权个人的角度上分析了决不能降曹的原因，但曹操的"雄兵百万，上将千员"仍然让孙权担忧寡不敌众。这个时候，正是周瑜站了出来，以一个顶级军事家的身份，详细阐明了战胜曹操的必然性："北土未平，马腾、韩遂为其后患，而操久于南征，一忌也；北军不熟水战，操舍鞍马，仗舟楫，与东吴争衡，二忌也；又时值隆冬盛寒，马无藁草，三忌也；驱中国士卒，远涉江湖，不服水土，多生疾病，四忌也。操兵犯此数忌，虽多必败。将军擒操，正在今日。瑜请得精兵数万人，进屯夏口，为将军破之！"这番鞭辟入里的剖析，将曹军被"雄兵百万，上将千员"的压倒性兵力优势所掩盖的诸多隐患分析得淋漓尽致，帮助孙权扫除了最后一丝顾虑，决心抗曹。

之后的情节如戏蒋干、除张允蔡瑁、火烧战船，都是大家熟悉的了。但《三国演义》为了捧高诸葛亮，把实际上在赤壁之战中毫无军事贡献的诸葛亮捧成了赤壁之战的第一功臣。实际上的第一功臣周瑜，不仅功劳和作用被一缩再缩，整个人也被塑造成了嫉贤妒能、小肚鸡肠的小人。如果就历史而言，周瑜不仅并不小肚鸡肠，而且还以为人宽宏著称。当然，这是题外之说。在此引诗一首，为这位被大大抹黑的名将正名。

慷慨知音律,风流有纪纲。
气能吞汉国,力欲展吴邦。
擎天白玉柱,架海紫金梁。
三分夸俊杰,四海识周郎。

三江口周瑜纵火

最误是周郎

3 小霸王孙策

一般人十九岁的时候在干什么呢?

对于这个问题,我想大多数人的回答不是正在大学里体验五彩斑斓的校园生活,就是刚刚走入社会,正在社会底层为了生计而奔波。然而,在《三国演义》中有这样一个人,在十九岁的年纪,以三千人的兵力起家,用不到两年的时间,不仅将部队发展到三万余人,而且打下了大片地盘。这个人,就是虽然英年早逝,但仍凭借出彩表现在汉末三国大舞台上画上了浓墨重彩一笔的"小霸王"孙策。

寄 人 篱 下

第七回,孙策的父亲孙坚在攻打荆州的时候被黄祖所杀。时年十七岁的孙策不得不举家迁居,投奔袁术。袁术为人倨傲,反复无常。孙策在其手下虽然屡立功勋,但始终得不到信任。因为袁术曾先许诺让孙策担九江太守,然后又答应孙策在打下庐江后任命其为庐江太守,但两次最后都任命了自己的亲信。虽然袁术曾表面上说过"使术有子如孙郎,死复何恨",但是他始终都没有真正重用和信任过这位孙郎,也无怪少年英雄的孙策会"心中郁闷,乃步月于中庭,因思:'父孙坚如此英雄,我今沦落至此!'"

独立起兵

袁术一再地背信弃义,让孙策明白在他手下将一事无成,最终决定独立创业。在第十五回中,孙策在其父旧将朱治的建议下独立起兵。而且,孙策做了一件远胜于父亲孙坚的事——以孙坚留下来的传国玉玺为质,换取袁术的支持。因为孙坚在十八路诸侯联盟讨伐董卓的时候,无意中得到传国玉玺,就把它私藏起来,弃盟而去。面对其他诸侯的质问,还发誓抵赖。而孙策却明明白白交出玉玺,就这一点已足以说明孙策见识胜过其父。他知道,当下的乱世,群雄并起、天下大乱,玉玺作为表面上汉室荣耀的象征其实早就失去了本来的作用。与其继续守着这样一块毫无用处甚至会引火烧身的烫手山芋,还不如把此换作实力,起兵创业。而且,他抓住了袁术潜藏的代汉自立的野心，用玉玺这样一个袁术绝对无法拒绝的条件向袁术换得起兵的支持。事实正如孙策所料，袁术在得到玉玺后大喜过望，同意借三千兵、五百匹马给孙策，这便是孙策称霸江东的家底。

当然，袁术支持孙策但又只给三千兵，也是有其考虑的。因为，当时雄踞江东的地方豪强，刘繇、王朗、严白虎，均割据多年，手中都有上万人马。袁术因担心孙策实力壮大，又不好直接回绝，就只给孙策三千人马。在他看来，孙策想以这区区三千人，攻打加起来有数万人的刘繇、王朗等人，无异于痴人说梦。

横 扫 江 东

然而，让袁术绝对没有想到的是，由于孙策独立之前多次征战，广交名士，因而甫一起兵就得到各方支持。不仅周瑜、张昭、张纮等各路贤达先后投奔，地方上也不断有武装力量归附，到了攻打刘繇时，孙策的部属已有六千多人。第十五回中，孙策不仅连败刘繇，还和刘繇麾下的太史慈上演了一出英雄不打不相识的好戏。该回中，孙策携麾下诸将参拜光武帝庙，正遇太史慈。两人激战一百余合不分胜负。随后，孙策用计收降太史慈，在擒获太史慈的时候，孙策故意问了一句："神亭相战之时，若公获我，还相害否？"太史慈则回答"未可知也"，显示出了太史慈这样说虽然有可能遇害，但仍然光明磊落、实话实说的品性。随后，孙策大破严白虎，进占吴郡，隔年又大败王朗，攻克会稽，并自领会稽太守。这样，在不到两年的时间里，孙策以区区三千人起兵，连战连胜，不仅收拢了张昭、张纮、虞翻、太史慈、周泰等一批智士猛将，还占据了大片地盘，麾下拥有了数万人马。正因如此，之后袁术称帝，并被吕布、曹操打败，转头向孙策借兵报仇时，孙策才有底气大骂袁术："汝赖吾玉玺，僭称帝号，背反汉室，大逆不道！吾方欲加兵问罪，岂肯反助叛贼乎！"

临 终 托 孤

然而，就在孙策扫平江东，声势大振，踌躇满志地准备问鼎天下的时候，却遭到曾被他杀害的许贡的门客行刺而身受重伤。自知不久于人世的孙策，做出了一个惊人之举——指定孙权为接班人。之所以说是惊人之举，是因为，论亲疏关系，孙策当时已经有亲生儿子，比起传位给弟弟，传给亲生儿子无疑更自然。论资排辈，孙权在孙策去世时年仅十八岁，经验不足，资历尚浅。孙策、孙权的叔叔孙静，经验、资历都远在孙权之上。无论是从亲疏关系还是论资排辈，孙权似乎都不该是孙策第一顺位的继承人。

孙策之所以会把江东托付给孙权,其关键还在于孙策对孙权的了解:"若举江东之众,决机于两阵之间,与天下争冲,卿不如我;举贤任能,使各尽力,以保江东,我不如卿。"从这寥寥数语中,我们不难看出,孙策对自己、对孙权的能力有着清楚的认知。他知道,在起兵打天下、扩地盘的时候,需要像自己这样统大军、决胜负的将帅型君主;到了要守天下、稳地盘的时候,就更需要像孙权这样能"举贤任能,使各尽力"的帝王型君主。

当然,为了在最大程度上确保万无一失,孙策在指定孙权为继承人的同时,又特别嘱托孙权,于是就留下了除了刘备的"君可自取"外,最著名的托孤之言:"倘内事不决,可问张昭;外事不决,可问周瑜。"由此可以看出,孙策不仅对孙权知根知底,对臣下的专长也很清楚。张昭长于内政咨询,周瑜长于统兵作战,而"内事不决问张昭,外事不决问周瑜",这对臣下而言,既是信任,也是责任。

孙策以三千人起兵,短短两年扫荡江东,奠定了孙吴政权的基础,却在正要进一步施展拳脚的时候不幸英年早逝。如果孙策能再多活哪怕十年,也许整个三国史就会大不一样,乃至彻底重写。当然,历史没有如果。孙策壮志未酬英年早逝,留给后人的,只能是无限的遐想和叹息。

4
忠厚背后的鲁肃

《三国演义》中,有这么一个人,明明具有远大的战略眼光以及对天下形势清楚的认识,却被塑造成,或者说给人的印象是一个忠厚老实的受气包。这个人,就是东吴四大都督之一,远见卓识不在诸葛亮之下的鲁肃。

远见卓识

在演义中,鲁肃登场虽然并不算早,但是甫一登场,就被小说赋予了极高的地位。第二十九回中,孙策去世,孙权执掌江东,鲁肃被周瑜举荐给孙权。鲁肃在加入孙权麾下后不久,很快就展现了自己超凡的远见卓识。一日,孙权留鲁肃同榻共饮,并向鲁肃求教:"方今汉室倾危,四方纷扰;孤承父兄余业,思为桓、文之事,君将何以教我?"面对孙权的求教,鲁肃也亮出了自己的远见卓识:

"昔汉高祖欲尊事义帝而不获者,以项羽为害也。今之曹操可比项羽,将军何由得为桓、文乎?肃窃料汉室不可复兴,曹操不可卒除。为将军计,惟有鼎足江东以观天下之衅。今乘北方多务,剿除黄祖,进伐刘表,竟长江所极而据守之;然后建号帝王,以图天下:此高祖之业也。"

毫不夸张地说,鲁肃这一番在后世被称作《榻上策》的言论,在当时绝对称得上是高瞻远瞩。因为在当时,虽然各地诸侯早就不受献帝控制,汉王朝的统治早就名存实亡,但是谁都不敢轻易真正撕破脸。曹操南征北战,政治上的资本就是"挟天子以令诸侯",所以尽管曹操一直有代汉自立之心,他也不会贸然地就直接废汉自立。刘备一直以来的旗号就是匡扶汉室,就更要打着拥护汉室的旗号。鲁肃此时敢于捅破这层窗户纸,公然说出"汉室不可复兴",足可称得上是胆识非凡。不仅如此,鲁肃在《榻上策》中所提的进取之路:先鼎足江东,再剿除黄祖,占据荆州,然后建号帝业,最终均为孙权所实施。这更加可以证明,鲁肃的远见卓识,不在诸葛亮之下。

金 玉 良 言

如果说《榻上策》显示的是鲁肃对未来战略的高瞻远瞩,那么在赤壁之战前鲁肃的言行则显示了他对当下形势的如炬目光。第四十三回中,曹操在大败刘备,收降刘琮后,携八十三万大军饮马长江,并发了封檄文劝降孙权。在接到劝降檄文后,绝大多数的孙吴谋士都被檄文中的"雄兵百万,上将千员"吓得心惊胆战,主张投降,理由是:"曹操拥百万之众,借天子之名,以征四方,拒之不顺。且主公大势可以拒操者,长江也。今操既得荆州,长江之险,已与我共之矣,势不可敌。以愚之计,不如纳降,为万安之策。"的确,表面上看,张昭主张投降的理由似乎还挺充分。曹操此次携八十三万大军饮马长江,不仅在人数上占有压倒性的绝对优势,而且借天子之名,更重要的是,本来孙吴政权面对北方政权的威胁,最有效的抵御屏障就是长江天险,但曹操此次兵不血刃收降荆州,得到荆州精锐水军,让孙吴的长江天险也不复存在。这个时候,鲁肃站出来坚决反对:"众人皆可降曹,唯将军不可降曹。"其实,单单只是说到这一层,还并不代表什么。因为虽然鲁肃主张抗曹,但是当时孙权麾下,一批武将也力主抗曹。真正让鲁肃有别于这些武将的,是他鞭辟入里的分析:"如肃等降操,当以肃还乡党,累官故不失州郡也;将军降操,欲安所归乎?位不过封侯,车不过一乘,骑不过一匹,从不过数人,岂得南面称孤哉!众人之意,各自为己,不可听也。将军宜早定大计。"

　　这里,便是鲁肃目光如炬之处。因为,孙吴一班武将虽然也大力主张抗曹,但是理由大多都只是诸如"六郡基业岂可拱手让人"之类，流于表面和情绪化。而鲁肃的言论则明显高过众人太多，不仅体现出在古代为人臣者的最高职责"为主公谋"，更表达了这样一层意思：如果孙权降曹，麾下的臣子，无论文臣武将，均能凭借自身才能在曹魏谋得一官

鲁子敬力排众议

半职，最差也能做到州官公卿。但是孙权在降曹之后，以曹操手段之毒，心肠之狠，绝对不会善待投降的孙权。在收降荆州后，连毫无主见的僭主刘琮都被曹操杀害，就更别提孙策钦定的接班人，长于"举贤任能，使各尽力"的孙权了。鲁肃在这里提醒孙权，如若降曹，绝对不得善终。

联盟维系

在赤壁之战后，孙权更加倚重鲁肃。刘备遣使欲暂借荆州。当周瑜、吕范等一班臣子联名反对的时候，鲁肃却从全局出发，力劝孙权酌情借之："将军虽神武命世，然曹公威力实重，初临荆州，恩信未洽，宜以借备，使抚安之。多操之敌，而自为树党，计之上也。"鲁肃知道，虽然赤壁一役中曹操大败而归，但并未伤及根本，对孙权的威胁仍然不小。如果借荆州给刘备，不仅能让刘备欠自己一个人情，维系好两家的联盟关系，还能告诉天下人尤其是曹操：孙刘联盟牢不可破。这样就会给曹操以压力，让他不敢轻易再下江南。在此之后，周瑜病逝，鲁肃镇守江陵，虽然屡次和关羽发生摩擦，但鲁肃从维系联盟出发，总是以好言安抚关羽。鲁肃在任期间，孙刘两家始终没有发生较大的冲突，这不能不说主要是鲁肃之功。

5 锦帆游侠甘兴霸

古今中外,不管什么领域,总逃不出"术业有专攻"定律,在战争中尤其如此。论冲锋陷阵、斩旗杀将,吕布是一等一的好手,但同时,他也是个有勇无谋、毫无战略眼光可言的蠢货。论战术指挥,决胜千里,陆逊算得上一代名家,但同时,他也是个不能提刀策马、身先士卒的书生。然而,《三国演义》中,却有这么一个人,扬刀立马、攻城拔寨是一把好手,同时又具有一般人难以企及的战略眼光。这个人,就是汉末名将,孙吴唯一一位立庙封神的甘宁。

弃暗投明

似乎是为了奠定孙吴第一战将的地位,甘宁在演义中第一次出场,就为孙权献上了一番高瞻远瞩的金玉之论。第三十八回中,原在黄祖麾下的甘宁虽然屡立功勋,但不仅得不到重用,还被黄祖骂成"截江之贼"。看准了在黄祖麾下将一事无成的甘宁,在苏飞和吕蒙的共同引荐下,打消了对孙权记恨旧仇的顾虑,转投孙权。

向来求贤若渴的孙权得到甘宁后,当场求问破黄祖之策。甘宁开门见山地向孙权进言曰:"汉祚日危,曹操终必篡窃。南荆之地,操所必争也。刘表无远虑,其子又愚劣,不能承业传基,明公宜早图之;若迟,则操先图之矣。今宜先取黄祖。祖今年老昏迈……明公若往攻之,其势必破。既破祖军,鼓行而西,据楚关而图巴、蜀,霸业可定也。"短短几句话,言如金玉。不仅一针见血地点明"曹操终必篡窃",更直接力劝孙权攻伐黄祖,进占荆州以图霸业。其言不仅和鲁肃的《榻上策》内容高度重合,甚至与诸葛亮的《隆中对》相比也并不逊色很多。提起甘宁,多数人都只知道他是孙吴一大猛将,其实,论战略眼光,他并不逊色于鲁肃、诸葛亮等一流的战略家。

以 德 报 怨

除了高瞻远瞩的战略眼光外,甘宁还具有常人难及的开阔胸襟。在投顺孙权之前,还在黄祖麾下的甘宁,曾经射杀孙权部将、凌统的父亲凌操。第三十九回中,甘宁作为先锋参加了再伐黄祖之役,并身先士卒,射杀黄祖,为统一江东立下大功。在庆功宴上,凌统拔剑而起,直指甘宁,要报杀父之仇,幸得孙权再三劝解才暂时缓和。第六十七回中,孙吴攻打合淝,先取前站皖城。又是甘宁身先士卒,仅半日便攻下城池。当晚设宴庆贺,吕蒙盛赞甘宁,再次激怒凌统。凌统于是想借舞剑之机杀甘宁报仇。甘宁也马上取两支戟站定。对两人意图心知肚明的吕蒙随即舞起刀牌,将两人分开。眼见即将将领相残,孙权赶到,劝住凌统。

第六十八回中,凌统见甘宁劫寨立功,请缨出战。和乐进战了五十余合不分胜负,坐下马被曹休射倒。乐进趁机来刺凌统。正在危难之际,孙吴阵中一箭射出,正中乐进面门。两军各救凌统、乐进回营。凌统回营拜谢孙权,孙权告诉凌统"放箭救你者,甘宁也"。凌统随即拜谢甘宁,结为生死之交,再不为恶。面对咄咄逼人的凌统,甘宁不仅一再忍让,还在关键时刻反过来救了凌统一命,以实际行动化解了原本绝难化解的杀父之仇。此等胸怀,真非常人可及。

百 骑 劫 寨

当然,说到《三国演义》中甘宁的表现,最为人所熟知的还要属百骑劫寨了。第六十八回中,受了张辽八百破十万之辱的孙权再整大兵前来报仇，听闻曹操亲领四十万大军来救合淝，孙权采纳张昭建议，问帐下诸将谁敢当先破敌。凌统先站出来，表示愿领三千兵前往破敌。甘宁这个时候却说"只需百骑，便可破敌，何必三千"！两人就在孙权面前竞争起来。不敢托大的孙权还是让凌统先领兵三千前往，结果正逢张辽，两人斗五十余合不分胜负。孙权恐凌统有失，令吕蒙接应回营。

　　甘宁见凌统无功而返，随即上告孙权"宁今夜只带一百人马去劫曹营；若折了一人一骑，也不算功"。孙权拨帐下一百精锐骑兵给甘宁，又以五十瓶酒，五十斤羊肉赏赐军士。当晚二更时分，甘宁令百人各取一根白鹅翎插于盔上，飞奔曹操寨，大喊一声杀入寨中。甘宁率领百骑左冲右突，逢人便杀。曹兵惊慌，不知敌兵多少，自相扰乱。大杀一阵后，甘宁从曹寨南门杀出，无人敢挡。待百骑回到吴寨，未折一人一骑，孙权亲来迎接，并扶起甘宁说："将军此去，足使老贼惊骇。非孤相舍，正欲观卿胆耳！"随即取绢布千匹，利刀百口赏赐军士，并对诸将说："孟德有张辽，孤有甘兴霸，足以相敌也。"此一战，有效的提振了因合淝大败而受到打击的士气，更极大地震慑了魏军。纵观整部《三国演义》，虽然劫寨取胜的并不在少数，但是能以如此之少的兵力，取得如此效果，还能做到"不折一人一骑"，除甘宁之外，再无他人。

回顾甘宁的整个人生，他虽然曾经"招合亡命，纵横于江湖之中"，但是后来及时悔改，并慧眼识主，弃暗投明，跟随了孙权这样一位长于"举贤任能，使各尽力"的明君，完成了由截江贼到孙吴第一战将的蜕变与升华。他的经历告诉我们，如果你一时堕落或是走了歪路，不必过于懊悔，只要能及时转身，总有蜕变与升华的机会。

〖四〗割据群雄

1 三姓家奴吕奉先

利和义,古往今来都是一对矛盾体。一般而言,小人愚夫重利轻义,君子英雄重义轻利。通常情况下,重利轻义者遭人鄙斥,重义轻利者为人称道。然而,《三国演义》中就有这样一个人,明明见利忘义,反复无常,却仍然为后世所津津乐道。这个人,就是名号飞将,骁勇无敌,三国时期绝对的武力第一人,吕布。

威风登场

吕布刚出场的时候,是非常威风的。第三回中,董卓进京后,意图通过废除旧帝、另立新君的方式来确立自己的威信。荆州刺史丁原站出来反对。董卓正要砍了丁原的时候,董卓的谋士李儒见丁原背后一人"生得气宇轩昂,威风凛凛,手执方天画戟,怒目而视"。颇有见识的李儒,意识到此人不可小视，马上上前说"今日饮宴之处，不可谈国政"，让丁原上马而去。这里，虽然并未直接出现吕布的姓名，却也已经为后面描写他八面威风埋下了伏笔。

三姓家奴

但是，就是这个以面相、神情救了丁原的人，很快就做出了奠定自己"三姓家奴"名号的著名情节——叛杀丁原，投顺董卓。董卓在见识到吕布的威风之后，意图招揽吕布。这个时候，董卓部将、吕布的同乡李肃跳出来，用"勇而无谋，见利忘义"八个字点出吕布的品性，提出用董卓的赤兔马去诱降吕布。之后就是我们很熟悉的情节了：吕布在见到"日行千里，渡水登山，如履平地"的赤兔宝马，不顾父子情谊，叛杀丁原，投顺董卓，并很轻松地拜董卓为义父。这样，先拜丁原为义父，又拜董卓为义父，再加上自己姓吕，真正坐实了吕布"三姓家奴"的名号。

然而，俗话说得好，"江山易改，本性难移"。在拜董卓为义父后没多久，吕布就又开始不安分起来。历史上记载的是他因为和董卓的婢女私通受责，而渐渐对董卓心怀怨恨。《三国演义》根据史实，演义出了一段王允利用绝世美女貂蝉离间吕布和董卓的故事。结果，吕布因为沉溺美色而与董卓渐渐反目，最终在王允的撺掇下，联合王允、李肃等人，诛杀董卓——这可能是吕布一生中所做不多的正经事之一。

反复无常

诛杀董卓本来是值得好好利用的一次大功，但吕布却因为王允一时失算而不得不逃离长安。此后，吕布依然本性不改，先投靠袁术，然而其反复无常的性格使得袁术这样低层次的人都不愿意容纳，吕布又投靠袁绍，并和袁绍一起攻打黑山贼张燕。在击破张燕后，吕布自以为得志，开始对袁绍傲慢不驯，又被袁绍抛弃，再度改投张扬，没过多久又因为关系不和而离张扬投张邈。就这样，吕布在被陈宫说动，自立门户参与诸侯争霸前的短短时间里，先后投靠了四方诸侯，"三姓家奴"名不虚传。

在自立门户后，吕布依旧难改反复无常的恶习。第十三回中，吕布被曹操大破于定陶，元气大伤的吕布走投无路，前往徐州投奔刘备。刘备虽然知道吕布反复无常的小人性情，还是因为之前吕布袭击兖州，迫使正在攻打徐州的曹操退兵，从而解了徐州之危的功劳，容纳吕布于小沛。然而，仅仅只过了一回，吕布就趁刘备出兵攻打袁术，徐州空虚的机会，和自己的丈人、刘备麾下的曹豹里应外合，袭取徐州。又隔一回，吕布在打破徐州后，被袁术开了张五万斛粮的空头支票,就去攻打刘备。袁术耍了赖后,居然又还请刘备驻扎在自己被刘备接纳时驻扎的小沛。又只隔了一回,吕布先是以辕门射戟帮刘备解了受袁术攻打的危险,紧接着又准备和袁术联姻,随即马上又接受麾下谋士,实际上在暗中帮助刘备的陈珪的建议毁弃婚约,接着因为张飞夺了自己一百五十匹马而再次和刘备撕破脸。前后不过四回,他两次和刘备结好,两次和刘备翻脸,两次要和袁术结好,又两次和袁术翻脸。数回之内,将一个有勇无谋、毫无远见、反复无常、见利忘义的莽夫形象刻画得淋漓尽致。

读到这里,不免让人感叹,吕布虽然骁勇无敌,然而徒具一身蛮勇,无法在更大的背境下施展自己的本领。然而,很多人只看到吕布的见利忘义,却看不到吕布这种举行背后的深层原因。在汉末三国大乱世的环境下,社会动荡、人人自危、朝不保夕,多数人都只想着能保证自身性命无忧,衣食不缺。胸怀曹操、刘备那样的雄心壮志,和鲁肃、诸葛亮那样的高瞻远瞩的只是极少数人。在纷乱动荡的社会环境下,每个人为了活下来,多少都做过一些见利忘义的事。吕布只不过是这许许多多见利忘义之徒的一个代表,一个缩影,一个典形。

2

大恶人董卓

不管是在什么时代,绝对意义上真正的坏人并不多。袁绍外宽内嫉,也还收留过被曹操打败而孤身一人的刘备。袁术妄自尊大,强行称帝,也还给了孙策三千兵放他独立。然而,《三国演义》中有这么一个人,虽然登场时间并不长,但是从出场到退场,基本上一点好事都没干过,所犯罪孽罄竹难书。这个人,就是西凉豪强,加速了东汉王朝衰落过程的董卓。

废立弑帝

董卓在演义中虽然出场回数不多,但几乎都被赋予了反角的人设。第三回中,身为梁州刺史的他带着二十万西凉大军入京,在途中撞上了因十常侍之乱而仓皇出逃的汉少帝和陈留王的刘协。正在保护少帝的袁绍出马喝问:"何人?"董卓不仅充耳不闻,还厉声喝问:"天子何在?"在见到刘协"自初至终,并无失语"后,董卓"暗奇之,已怀废立之意"。初至京城(严格意义上讲都还没入城)就暗怀另立新帝之意,董卓的不轨心怀,已是不言自明。

初入洛阳便怀废立之意的董卓,用李肃之计诱使吕布叛变,杀了反对他废立的丁原,开始了独掌大权之路。第四回中,董卓先是让心腹谋士宣读了一道废除汉少帝、改立刘协为汉献帝的策文,随后便"叱左右扶帝下殿,解其玺绶,北面长跪,称臣听命",并"命扶何太后并弘农王及帝妃唐氏困于永安宫闲住"。随后,他又借少帝随口吟的一首诗,公然"叱武士绞死唐妃,以鸩酒灌杀少帝"。从此开始了暴虐无道的统治,"每夜入宫,奸淫宫女,夜宿龙床……男女皆集。卓命军士围住,尽皆杀之,掠妇女财物,装载车上,悬头千余颗于车下,连轸还都,扬言杀贼大胜而回;于城门外焚烧人头,以妇女财物分散众军"。至此,董卓的暴虐无道、寡仁无德,已然展露无遗。

祸 乱 两 京

先强行废立皇帝,再弑杀少帝,这在一般人看来已然是极端的大逆不道之举,然而对董卓而言,他的残暴不仁才刚刚开始。第六回中,吕布败于桃园三英后,担忧联军势大的董卓在李儒的建议下，决意迁都长安。有臣下谏阻道："丞相若欲迁都，百姓骚动不宁矣"，董卓给出的理由是"吾为天下计，岂惜小民哉"！完全不顾连张角等黄巾"诸众"都知道的"举大事者必以民为本"的道理。

不仅如此，董卓还"差铁骑五千、遍行捉拿洛阳富户，共数千家，插旗头上大书'反臣逆党'，尽斩于城外，取其金赀"，还令李傕、郭汜"尽驱洛阳之民数百万口，前赴长安……死于沟壑者，不可胜数。又纵军士淫人妻女，夺人粮食；啼哭之声，震动天地。如有行得迟者，背后三千军催督，军手执白刃，于路杀人"。临迁都时，又"教诸门放火，焚烧居民房屋，并放火烧宗庙宫府……又差吕布发掘先皇及后妃陵寝，取其金宝。军士乘势掘官民坟冢殆尽"。搜刮民财，焚烧宫殿，不恤百姓……完完全全是一副强盗行径。以此观之，给董卓一个衣冠禽兽的评价，实不为过。

恶极而亡

强行迁都已经给洛阳、长安这两座原本天下最繁华的大城市造成了一场浩劫，但董卓似乎还不满足。十八路讨董联军解散后，董卓愈发骄横，不仅自号"尚父"，出入僭用天子仪仗，而且凡是董氏宗族，不论老幼，尽皆封侯。又役使民夫二十五万，离长安二百五十里，别筑郿坞，高下厚薄和长安相等,又选民间少年美女八百人供其役使,金玉、彩帛、珍珠堆积不知其数。大封亲族,建高大豪宅,搜罗美女金珠,活生生的一副末世昏君面孔。

除了毫无下限的骄奢淫逸外,董卓的暴虐无道也愈发极端。有一次,董卓在城门外设宴招待朝廷公卿,正逢有北地招安降卒数百人到。董卓当场下令:"或断其手足,或凿其眼睛,或割其舌,或以大锅煮之。"在场百官无不战栗失箸,董卓却谈笑自若,宛如看表演一般。又有一次,董卓大会百官,酒行数巡,吕布入场,到董卓耳边低语数句。董卓当场命吕布揪司空张温下堂,不多时,张温的头被献了上来。百官魂不附体,董卓却淡定的解释:"诸公勿惊。张温结连袁术,欲图害我,因使人寄书来,错下在吾儿奉先处。故斩之。公等无故,不必惊畏。"如此暴虐淫威,活似一副暴君脸面。

之后的事,便为大家所熟知了。一时权倾朝野的董卓中了王允的连环计,和吕布反目成仇,被王允、吕布等人联合诛杀。董卓的尸首被"看尸军士以火置其脐中为灯,膏流满地。百姓过者,莫不手掷其头,足践其尸"。之后不久,董卓的部将李傕、郭汜纠集大军打进长安,意图礼葬董卓,在收集到了些许零皮碎骨之后,用香木雕刻成形体,大加祭祀,欲以王侯的礼节安葬。但没料到在临葬的时候"天降大雷雨,平地水深数尺,霹雳震开其棺,尸首提出棺外"。李傕本打算等天晴再葬，结果再葬的时候又重复如此。连续三次，不仅都没能安葬，而且还"零皮碎骨，悉为雷火消灭"。《三国演义》所提有名有姓的人物中，死无全尸的人很多，但像董卓这样尸骨无存的人就凤毛麟角了。就连极少直接表态的小说原文，在这里也感慨"天之怒卓，可谓甚矣"！

回顾董卓短暂而暴虐的一生，总让人感慨：怎么会有如此残暴之人！但是，很多人都会忽略的一点是，董卓所处的，是汉末三国的大乱世。乱世是一面照妖镜，人在平时很大程度上被压抑住的、潜藏的暴力心理一到秩序崩塌的乱世，多少都会在不同程度上被释放出来。董卓，只不过是这些人中的一个代表，一个典型罢了。

3 没落贵族袁本初

贵族称号是身份地位的象征。在西方——主要是欧洲历史上，先后有许许多多的人凭借努力取得了贵族头衔或称号。在中国古代，贵族称号更多的是继承于父辈和祖辈。由于地位来得容易，很多贵族实际能力都很低。在《三国演义》中，就有这样一个贵族，他就是坐拥明显优势、一度成为实力最强诸侯，最终却一败涂地的袁绍。

驱鼠召狼

作为《三国演义》前期的重要角色，袁绍的出场非常之早。第二回中，汉灵帝驾崩，少帝继位后，以何进为首的外戚势力和以张让等十常侍为首的宦官势力的矛盾渐渐激化。何进和麾下诸臣商议除掉宦官。此时，投在何进门下、时任司隶校尉的袁绍向何进献策："可召四方英雄之士，勒兵来京，尽诛竖宦。"

不得不说，袁绍第一次献策，似乎就为他在整部《三国演义》里的举动做了一个引子。因为袁绍此策，实在是大大的昏招。其原因在于，何进当时身为大将军，手握兵权，麾下不乏智谋之士，而张让等宦官见识短，兵力少。何进单凭手中兵力，就足够诛杀宦官、安定朝廷的了，完全没必要召外镇进京。而且，如若召外镇进京，难保外镇不会趁着政局动荡，以除乱为名行争权之实。然而，如此昏招，何进却偏偏听信，发下密诏召外镇进京。结果，正是这一召，招来了虎狼一般的董卓，进而引得两京大乱。袁绍的无谋，由此可见一斑。

如 此 盟 主

在出了昏招导致董卓专权后，袁绍才后知后觉地开始补救。第四回中，曹操发檄文邀天下英雄共诛董卓，袁绍第一个带着麾下军队来和曹操会盟，表现积极。在十八路诸侯聚齐后，袁绍因为"四世三公，门多故吏"被推举为盟主。当上盟主后，袁绍照理说了一番新官上任的感言："绍虽不才，既承公等推为盟主，有功必赏，有罪必罚。国有常刑，军有纪律。各宜遵守，勿得违犯。吾弟袁术总督粮草，应付诸营，无使有缺。更须一人为先锋，直抵汜水关挑战。余各据险要，以为接应。"

然而，在说出这一番感言还没多久，袁绍就自己打脸了。在同一回中，孙坚领令担当讨董先锋。十八路诸侯之一的济北相鲍信怕被孙坚抢了头功，遂派遣部下赶到汜水关搦战华雄，结果大败而归。而后，孙坚作为正式的先锋，携程普、黄盖、韩当、祖茂四员大将来到汜水关下。汜水关守将胡轸出关迎战，被程普击杀。孙坚本欲乘胜追击，却因总督粮草的袁术听信谗言不发粮草而被华雄杀败，部将祖茂也死于华雄之手。孙坚败退之后，袁绍绝口不提袁术霸粮，却言："前日鲍将军之弟不遵调遣，擅自进兵，杀身丧命，折了许多军士；今者孙文台又败于华雄：挫动锐气，为之奈何？"他责怪鲍信擅自调兵，又责怪孙坚挫动锐气，唯独绝口不提袁术不发粮草这件事。盟主行径如此，着实令人齿冷。

随后，刘关张三英携手，战败吕布，逼得董卓挟持献帝，强行迁都长安。按理来说，这正是趁其败势，一举追击的大好时机，而以袁绍为首的各路诸侯，却纷纷裹足不前。当孙坚率军进入洛阳后，在建章殿残基中打捞到了汉朝的传国玉玺，准备私藏玉玺，回江东图谋大事时，袁绍却摆起盟主架子，要孙坚把玉玺"对众留于盟主处"。虽然孙坚私藏传国玉玺确是不正之举，但是袁绍意图当面截留玉玺，心思也不会比孙坚好到哪去。

叶落根亡

之后的事，便是注定了的。在反董卓联盟解散后，袁绍施诈夺取冀州，随后在河北与公孙瓒持续数年的攻战中笑到了最后。击破公孙瓒后，袁绍占据了黄河以北的大片地盘，实力远超曹操，一度成为了天下实力最强的诸侯。然而，坐拥最强实力的袁绍，却因为种种原因，在关键性的官渡之战中一败涂地。

逃回河北后，袁绍又被追到河北的曹操一再击败，最后呕血而亡。在临死前，袁绍又干了件加速势力灭亡的蠢事。临死前，袁绍在谋士审配、逢纪的诱导下，立下遗嘱，让生前最爱的幼子袁尚为继承人。这一废长立幼之举，大大刺激了袁绍的嫡长子袁谭，使得本来就因父爱不均而对袁尚心怀不满的袁谭与袁尚彻底撕破脸，双方引兵互相攻伐。最终，表面家大业大但实际上暗藏危机的袁氏政权分崩离析，最终，袁谭被曹操所杀，袁尚被辽东太守公孙康所杀。家大业大、显赫一时的袁绍集团，最终，竟被连根拔起，无一幸免。

纵观袁绍一生，颇生诸多感慨：含着金钥匙出生，机会多多却无所作为。能夺取冀州，称霸河北完全是因为对手韩馥、公孙瓒比他更次。虽然因为矮子里拔将军而一度成为最强诸侯,但是真正面对牛人,尤其是各方面水准都远在他之上的曹操的时候,立刻原形毕露,一而再败。如果说在《三国演义》中,曹操与曹魏是诸葛亮与蜀汉的配角,那么袁绍就是曹操的配角。如果说曹操还能偶尔占据主角位置的话,那么,袁绍在这竞逐争霸的大舞台上,始终扮演的都是次要的配角了。

「五」人物群像

1
三国二五仔图鉴

二五仔，原出自粤语俚语，意为告密者或出卖他人的人。现在多用来指叛徒或者内奸。在各个时代，总有这样那样的人，或禁不住利诱，或受不住威逼，从而或主动或被动地当了二五仔。在《三国演义》中，有几个二五仔值得一提。

叛攻旧主

说到三国时期的二五仔，首先要说的一个名气不小的就是许攸。许攸作为原本袁绍麾下的谋士，事袁期间也还算是尽忠职守。第二十二回中，袁绍正犹豫要不要起兵攻曹，许攸则力劝袁绍起兵。在许攸的建议下，袁氏最终决定起兵攻曹。然而，袁绍本身心怀疑虑，不思进兵。许攸又"不乐审配领兵"，开始心怀不满。

许攸最终的背叛，在官渡之战期间。曹操遣使往许昌大本营催办粮草,结果使者被许攸手下抓住。许攸趁势带着曹操的催粮书信进劝袁绍分兵急袭许昌。面对这条可以一击而定胜负的妙计,袁绍又习惯性地好谋无断起来:"曹操诡计极多,此书乃诱敌之计也。"正在商议之时,在冀州大本营的谋士审配遣使献书,说许攸在冀州曾滥受民间财物,袁绍随即大怒,还无端怀疑许攸:"汝与曹操有旧,想今亦受他财贿,为他作奸细,啜赚吾军耳!"面对好谋无断又乱怀疑人的袁绍,彻底心寒的许攸决心叛袁归曹。投靠曹操的许攸先是给曹操献上了劫乌巢烧粮草之计,之后在攻冀州的时候又献计以水淹城,使得曹操轻松攻下冀州。然而,在为曹操屡立功勋后,许攸却恃功而骄横起来,最终死于许褚之手。这固然是因为许攸毫无贾诩那般低调自保的本事,但某种程度上,也算是他叛袁投曹的报应吧。

忠 实 内 奸

许攸叛袁投曹主要是因为看到旧主袁绍不纳忠言,难成大器。下面的这两个,更多的是看到新主人远胜旧主的英雄气魄。第六十回中,益州牧刘璋因探知汉中太守张鲁有取西川之意,在谋士张松的建议下,以张松为使,劝说曹操起兵取汉中。早就有出卖西川之意的张松暗藏西川地理图本,欲说动曹操取西川,却遭到曹操傲慢对待，被狼狈地赶出大营。

对曹操大失所望的张松由荆州而回，因受到刘备高规格礼遇而转思将西川献给刘备。回到西川后，又联合故友法正一起出卖西川，随即以请刘备入川征讨张鲁为名请得刘备入川。而后刘备欲假借回荆州为名，赚杀涪水关守将杨怀、高沛。不知就里的张松以为刘备要放弃取川，于是修书一封劝刘备快速进兵，却被其兄张肃发现并告密，结果全家被杀。

和张松相比，另外一个二五仔法正就要幸运得多。在作为内奸的身份暴露后，法正索性一不做二不休，帮助刘备拿下益州，后被任命为蜀郡太守（相当于今天的成都市长），并和诸葛亮一起制定蜀地新法《蜀科》。汉中之战时，法正辅佐黄忠斩杀夏侯渊，助刘备拿下汉中。法正后来官至尚书令，并在去世后成为刘备时期唯一一位有谥号的大臣。

反复横跳

上面这几个虽然当了二五仔，但多少还是因为看到旧主毫无前途或是找到了更有前途的新主。下面的这个反复横跳的仁兄，就只能算是投机取巧的本性难移了。第六十回中，张松作为使节回到益州后，和友人法正谋献益州。正商议时，孟达来访，并一语道破二人主意："吾已知二公之意，将欲献益州耶？"其后和张松、法正二人相互配合，助刘备拿下益州。再后为配合汉中之战，统兵攻克上庸。

到此，本来可以凭借战功稳步而上的孟达，却开始暴露本性。第七十六回中，关羽败走麦城，遣廖化向上庸的孟达、刘封求救。孟达此时却挑唆刘封，使得刘封坐视关羽兵败而亡。在关羽死后，孟达又因担心被治罪，而率领部属投降曹魏，成为蜀汉的敌人。然而，在曹丕死后，孟达因渐受猜忌冷落，竟然又想着叛魏归蜀。结果因做事不秘，被司马懿擒杀。

如此种种二五仔的"辉煌事迹"，难免让我们感叹这些人怎么这么软骨头。然而，很多人想不到的是，在事情已经过去一千八百年的现在，骂这些人是软骨头是很容易的，但是，换个角度想，如果你是许攸，被袁绍这样一个好谋无断的庸主无端怀疑，对面则是曹操这样一位雄才大略，水平甩你自家主公八十条大马路的英主，你能拍着胸脯保证绝对不会背叛袁绍吗？如果你是张松或是法正，自家主公是刘璋这样一个暗弱却拥有大片地盘的劣主，外有张鲁、曹操窥伺，你能指天保证会誓死忠于刘璋，而不会投向刘备这样一位天下唯二的英雄吗？所以，骂这些二五仔是容易的。只是在破口大骂之余，我们有时候，也应当想想他们甘当二五仔的背后原因。

2 三国中的硬骨头

古人云:"识时务者为俊杰。"不论战场还是有些竞技场,在局势已定、无法挽回的情况下,如果仍然坚持己见,难免会被说成迂腐不知变通。然而,古往今来,却有很多人,明明大势已去,却仍然死硬到底,令人叹息。

宁事庸主

说到汉末三国时期的硬骨头,可能很多人都不知道这样一对人,就是袁绍麾下谋士沮授和审配。此二人自袁绍起兵以来,就一直跟随袁绍,多有划策。第二十二回中,当袁绍要与曹操决裂时,沮授建议袁绍缓战,审配建议袁绍速战。袁绍最终虽表面上采纳审配建议,最后却虎头蛇尾,未尝一战。第三十回中,袁绍正式起大兵与曹操决战官渡。沮授再次建议袁绍缓战。袁绍非但不听,还把沮授锁禁在军中，导致在官渡大败后，沮授来不及走脱而被曹操俘获。面对曹操的劝降，沮授大叫"授不降也"。曹操厚待沮授，留之于军中，沮授却在营中盗马，欲归袁氏。曹操怒而杀之，却怜其忠，厚葬沮授，题其墓曰"忠烈沮君之墓"。

和沮授相比，审配的结局更多了三分气节。第三十二回中，袁绍死后，审配辅佐袁绍的小儿子袁尚，与长子袁谭争权，却一再落败。袁尚仓皇北奔，审配困守冀州城，后来曹操用水淹之法，又联合审配之侄审容，里应外合攻破冀州。面对曹操的劝降，审配大叫不降，还斥责先事袁绍、此时已降曹操的辛毗曰："吾生为袁氏臣，死为袁氏鬼，不似汝辈谗谄阿谀之贼！可速斩我！"临刑时，又斥责行刑者"吾主在北，不可使我面南而死"，从容引颈就刑。沮授、审配因耿耿忠心而死，却是对袁绍这样一个庸主，可佩可叹。

忠暗拒明

袁绍虽然是庸主，但公平论之，多少还有过两分英雄气概。下面这位暗主，虽然比袁绍还不如，却仍能得人忠心追随，实属少见。第六十回中，刘璋听信张松，开门揖盗，请刘备入川抵敌张鲁。刘璋临出发前，谋士王累用绳索把自己倒挂在城门上,一手执谏书,一手持剑,口称如谏不从,自割断绳索,撞死地下。只可惜,此时的刘璋已经完全落入了张松、法正、孟达这二五仔三人组的圈套,对刘备深信不疑,看了王累的谏书,大怒而斥:"吾与仁人相会,如亲芝兰,汝何数侮于吾耶!"王累见进谏不成,大叫一声,割断绳索,撞死于城下。

除了王累外,刘璋麾下还有另一位忠心耿耿之人。第六十三回中,庞统因急于进取,中了蜀将张任的伏兵之计,被射死在落凤坡前,逼得刘备不得不请诸葛亮出动取川。诸葛亮到来后,设计擒获张任。面对刘备的劝降,张任大叫:"今日便降,久后也不降!可速斩我!"虽然王累和张任挡不住历史的步伐,但他们二人的耿耿忠心,亦给人留下了"昏君手下偏有忠臣"的叹息。

背仁向奸

除了袁绍、刘璋这样的蠢材以外,高层次的雄主手下也不乏硬骨头。第七十四回,关羽兵围樊城,形势危急,曹操点于禁为主帅,庞德为先锋,起七路大军往救。但因庞德的旧主马超在蜀地为上将,兄长庞柔也在西川,于是遭他人谗言。曹操便令庞德留下先锋印。庞德闻言,免冠顿首而告:"某自汉中投降大王,每感厚恩,虽肝脑涂地，不能补报……兄恨德入骨髓，誓不相见，恩已断矣。故主马超，有勇无谋，……今与德各事其主，旧义已绝。德感大王恩遇，安敢萌异志？"临出师之时，又造一木榇，扬言要取关羽首级，结果被关羽水淹七军，杀得大败，庞德也被俘，不屈而死。

  以上种种，不免让人感叹，为什么袁绍、刘璋这样的昏君，乃至曹操这样的奸雄手下，偏偏有死硬到底的忠臣。当然你可以说他们不明是非也好，不识时务也罢，不过仔细想来，不宜一笔抹杀他们的道德感和对他人的道德影响。

3 小人物大能量

不管是"历史是由伟人书写的"还是"时势造英雄",都在有意无意的传达这样一个信息:能被历史记住的,都是那些叱咤风云的大人物。但实际上,除了灿如日月的英雄伟人外,那些像萤烛繁星一般闪耀着的小人物同样值得历史铭记。而且有时候,那些出场少、名气小的小人物,往往又有着不输于英雄伟人的高光表现。《三国演义》中就有一些出场虽少、却身怀大能的小人物。

妙 于 用 间

说到那些有大能量的小人物,有一个不能不提的,就是在曹操攻灭吕布的过程中起到重要作用的陈登。第十九回中,刘备被吕布打败,投奔曹操。曹操起兵攻打吕布所在的徐州。此时,一直为曹操潜伏在吕布阵营内做内鬼的陈登见时机成熟,开始了他的精妙谋划。

　　陈登先是入谏吕布,以徐州四面受敌、当先思退路为由,建议吕布将钱粮转移至下邳。吕布采纳其言,并和陈登一起引军往救被曹操攻打的萧关。路上,陈登又进谏"容某先到关探曹操虚实,主公方可行",从而脱离吕布的控制。赶到萧关后,他趁夜飞箭传书,和曹军约定举火为号,乘势攻击。

　　第二天,陈登又飞马来报吕布,说萧关守将、原泰山贼寇孙观等人有献关降曹之意,让吕布于黄昏时杀去接应,随后又马上回到萧关,说曹操已经抄小路到关内,让陈宫弃关回保徐州。陈宫也中计,当晚弃关而走,正遇吕布,两人就在黑暗里自相掩杀,一直杀到天明才发现中计。急忙回到徐州时,已经被假意投靠吕布的刘备的大舅子糜竺据住。正要急回小沛时,却见本留守小沛的张辽、高顺引军而来。一问,才知道又是陈登诈言吕布被围,要二人前往救援。众人合军赶往小沛时,已被曹仁乘虚而入。通过一连串的巧妙用计,陈登未费一兵一卒,就让吕布连丢一关两城,地盘大大缩减,加速了败亡的过程,将小人物的能量发挥到了极至。

强 辩 善 记

　　和陈登的妙于用计不同,接下来的这位小人物拥有不凡口才和惊人的记忆力,这就是对刘备取西川起到至关重要作用的张松。第六十回中,在西蜀刘璋麾下任别驾的张松见刘璋暗弱,便动了叛刘依曹之念,欲以取汉中为利,说得曹操取西川,但却因冲撞曹操而遭到贬斥。而后,张松不慌不忙说:"吾川中无谄佞之人也。"听了这话,一向恃才傲物的杨修跳了出来,有心为难张松。

两人分宾主而坐后,杨修连问蜀地风土人物,被张松一番大夸特夸忽悠往。杨修见难不住张松,又问张松官职,结果被张松反将一军:"久闻公世代簪缨,何不立于庙堂,辅佐天子,乃区区作相府门下一吏乎?"到此时,杨修已是满面羞惭,强颜而答:"某虽居下寮,丞相委以军政钱粮之重,早晚多蒙丞相教诲,极有开发,故就此职耳。"张松趁势进一步嘲笑曹操无学。杨修欲趁机夸耀曹操武略,拿出曹操所著《孟德新书》以示张松。张松拿过书来看了一遍,却诓骗杨修说这是曹操剽窃战国时期无名氏的作品。面对杨修的质疑,张松当场把整本《孟德新书》背诵一遍,并无一字差错。要知道,对一般的常人而言,哪怕是一首仅有二三十字的古诗,要在新看到且仅读过一遍之后就记得一字不差也是难上加难,而张松却能把一部有上万字、且颇具理论性的军事著作,在仅仅看过一遍后背得一字不差。如此惊世骇俗的记忆力,真真是举世罕有。

敏 妙 天 辩

和张松的惊人记忆力相比,下面这位小人物又长于在出色记忆力基础上的敏妙应对。第八十六回中,诸葛亮遣邓芝入吴缔盟。孙权则遣张温与邓芝回蜀通好。会盟已毕,诸葛亮设宴相送。正在宴饮之间,忽然一个人乘醉而入,昂然长揖,入席就座。

表面上看,在最高领导人与他国使节的国宴上不请自来还带醉而入,其实算是相当无礼的举动,也无怪张温发问。诸葛亮代答:"姓秦,名宓,字子勑,现为益州学士。"张温笑问:"名称学士,未知胸中曾学事否?"秦宓正色曰:"蜀中三尺小童,尚皆就学,何况于我?"待张温进一步追问,这位秦学士又"大言不惭":上自天文,下至地理,三教九流,诸子百家,无所不通;古今兴废,圣贤经传,无所不览。认定秦宓在说大话的张温,随即和秦宓展开了一场妙趣横生的"问天"之辩:

温笑曰:"公既出大言,请即以天为问:天有头乎?"宓曰:"有头。"温曰:"头在何方?"宓曰:"在西方。《诗》云:'乃眷西顾。'以此推之,头在西方也。"温又问:"天有耳乎?"宓答曰:"天处高而听卑。

《诗》云：'鹤鸣九皋，声闻于天。'无耳何能听？"温又问："天有足乎？"宓曰："有足。《诗》云：'天步艰难。'无足何能步？"温又问："天有姓乎？"宓曰："岂得无姓！"温曰："何姓？"宓答曰："姓刘。"温曰："何以知之？"宓曰："天子姓刘，以故知之。"

读到这里，人们不由得会感叹秦宓的才思敏捷。须知张温的问题并不是简单的问上句对下句的问答，而是急难的智力测验，若不是对各路典籍烂熟于心并融会贯通，是做不到像这样流畅又敏捷地对答的。秦宓对答敏妙若此，实在是有资格自夸"上自天文，下至地理，三教九流，诸子百家，无所不通；古今兴废，圣贤经传，无所不览"。

《三国演义》中像这样出场少但本事大的人还有很多：到出场仅几回却用连环计诛杀董卓的王允，满打满算只跟了刘备一回却能把曹仁杀得丢盔卸甲的徐庶，前后出场不到一回却能精准预言生死未来的神卜管辂，在此不一一详说。如此种种，我们其实可以发现，这些表面上出场少的小人物，之所以让人印象深刻，是因为这些人具有让人印象深刻的本领。

4

三国官二代

官二代在现在的社会中一直是一个很热门的词。在一千八百多年前的汉末三国时代，同样有许多官二代。比如孙权、孙策、曹丕、曹植、刘禅、马超、关兴、张苞、司马师、司马昭、曹爽，等等。他们有的是将门虎子，有的是有为的君王，有的是无能的庸才。那时的官二代并不像现在这样，大多以负面形象出现，而大都各有所能，对三国故事的精彩演绎发挥了重要的作用。考察下来，那时的官二代主要分为以下几类。

龙父虎子

首先是父子两代都很厉害的。这一类中，最为著名的便是孙策孙权兄弟。孙坚作为三国早期的猛将，曾在诸侯讨董时担任先锋。孙策孙权兄弟在父亲英年早逝后，各展其能，发展并守护孙吴势力半个多世纪。只可惜孙策也英年早逝，否则整个孙吴，乃至整个三国的局面可能都大不一样。当然，孙权作为孙吴政权的守护者，能力也毋庸置疑。他继承父兄基业，任文用武，使孙吴政权成为整个三国中存在最久的势力。

除了孙氏兄弟之外，还有曹丕、曹植、曹彰三兄弟。曹丕作为曹操的继承者，不仅有突出的文学才能，称帝后，在政治上也很有作为，如推行了包括九品中正制、兴屯田、倡太学等一系列有利于社会发展的举措，大大促进了社会的发展。曹植则是文采出众，诗、赋、书法均有极高的成就。曹彰作为魏武霸业的尖矛，曾领兵平定北方乌桓反叛，以及降服辽东鲜卑，可见能力非凡。

当然，还有三国时代最为优秀的官二代之一——司马懿的两个儿子司马师、司马昭。这两兄弟在抵御姜维北伐、击退孙吴入侵，以及掌控曹魏政权的过程中，均发挥了重要作用。更为难得的是，这两人一直携手并进通力合作，最终虽均未称帝，但一同被尊入西晋祖庙。

除了上述种种官二代之外，这一类官二代的代表还有出类拔萃的关兴张苞和诸葛恪，以及东吴最后一位名将陆抗，等等。

这一类官二代的成功，父辈的影响不可或缺。父辈的影响，又可以分为这么几类。首先是自青少年时期就经常随着父亲南征北战，上阵杀敌，锻炼了能力，积累了经验。

这一类的典型代表是司马昭司马师兄弟。他们二人年轻时便随着父亲司马懿参与对诸葛亮北伐的防御作战以及逐步掌控曹魏政权的过程，历经锤炼，最终成为中国历史上少见的并未称帝但又同入祖庙的英才。

其次是父亲去世早，使得子一辈不得不早早的承担家族的责任，从而更早踏入乱世、也更充分地锻炼了各方面能力的官二代。这一类的代表便是孙策孙权兄弟。孙策在父亲孙坚早逝后，以传国玉玺为交换筹码，从袁术那里独立起兵，在极短的时间内横扫江东，打下了之后孙吴政权的大部分地盘。孙权在父亲和兄长均英年早逝后，十八而立，举贤任能，使孙吴集团成了三国时代存在最久的政权。

第三类官二代最为特殊，这便是自年少时便受到父辈良好的教育顺势成长起来的人。这一类的典型模范便是曹氏兄弟。曹操虽然是一个欺君罔上的奸臣，但却也是一位好父亲。他对后代发展不强作要求，而是因材施教，无论是好文的曹丕、曹植，还是好武的曹彰，兴趣都得到了曹操的充分尊重和鼓励，最终都成了有为的英才。这一点，让今天的许多父亲自叹不如吧！

虎父犬子

可以看到，三国之中有为数不少的人虽然出身官宦，却有着不在乃父之下的能力或功绩。但是这部分官二代在三国庞大的官二代群体中仍然只是少数，更多的官二代只是能力平平，碌碌无为的庸才。这其中，首当其冲的便是以昏庸无能著称的蜀后主刘禅。他的父亲刘备半生征战，才拥有蜀汉地盘，到了刘禅手上，他却不好好治理，宠信宦官，无所作为，最后使得蜀汉政权二世而亡。此外还有魏国的权臣曹爽，他的父亲曹真在曹魏对诸葛亮北伐的防御中起到过重要作用，而他资质平庸，懦弱无能，全凭魏明帝曹睿的宠信才官至大将军之位。曹爽虽受曹睿托孤，只会骄奢淫逸，在与司马懿的斗争中全面处于下风，最后中了司马懿之计，权丧身死。此外，还有魏国勇将许褚的儿子许仪，也是能力平平，随钟会伐蜀时担任先锋，战败后被钟会处死。

这一类官二代的存在，究其原因，有这么几点。一是因为父辈打拼许久，攒下一份基业，使得子一辈缺少打拼的动力，他们养尊处优，最终沦为庸才。二是后辈只继承了上一辈的家业、名望，但本身没有真才实学。三是父亲忙于征战、打拼，疏于对子一辈的教育，最终使得子一辈碌碌无为。

古往今来，虽然成功的官二代只是少数，但是不可否认的是，官家出身的富二代确实要比平民出身的人更容易成功。因为和平民出身的人相比，官二代不用为基本生计发愁，拥有更为优越的学习环境，更为广阔的交际面，以及更多的走上各种岗位的机会，只要稍加利用就能很容易取得成绩，进而获得更多的机会。不仅古代如此，现在亦如是。

但是，机会毕竟只是机会。如果曹丕不跟随曹操南征北战而是窝在家里享受，那么他的结果不会比曹爽好多少；如果孙权不去好好利用父兄遗留下来的基业，那么孙吴也不会存在那么久；如果司马兄弟不肯跟随司马懿参与各种事务，那么西晋或许根本就不会建立。所以，官二代能否成功，父辈的影响固然重要，但更重要的，是在于那些官二代自身的素质。

5 五花八门兄弟情

常言道："打虎亲兄弟，上阵父子兵。"的确，有几个兄弟，在很多情况下，确实可以在做事的时候更轻松。然而，在现代社会中，亲兄弟因为利益纠纷反目成仇的例子屡见不鲜，比现代更加强调血缘关系、宗族纽带的古代社会，亲兄弟之间因为种种原因貌合神离乃至反目成仇的例子也不在少数。每逢礼崩乐坏的乱世时代，为了争权夺利，这样的例子就更多了，汉末三国时期就是这样。

内 斗 不 止

按照时间顺序，在汉末三国的大乱世中，第一对出场的，便是袁绍、袁术兄弟。袁绍、袁术二人，同为官至大司空的袁逢之子。但是，这两人的关系很微妙。因为，袁绍虽然是兄长，但却是小妾所生的庶子，袁术虽然是弟弟，却是正妻所生的嫡子。在古代，庶子的地位往往不如嫡子。所以，袁术一直不太瞧得起袁绍这个虽然年长，但却是小妾所生的哥哥。十八路诸侯讨董联军解散后，袁绍曾一度意图拥立汉室宗室、幽州牧刘虞为帝。当时早有代汉自立之心的袁术，当然不愿意再拥立刘姓皇帝，便以维护朝廷忠义为名，公开反对袁绍另立新君。之后，虽然袁绍另立新君的举动并未成功，但袁绍袁术兄弟却从此结怨。之后，袁术与公孙瓒联合，袁绍与刘表联合，开始互相攻伐，积怨日渐加深。

袁绍袁术兄弟反目，多少还有嫡庶之别这一客观因素的作用。而袁绍的两个儿子——长子袁谭和三子袁尚反目成仇，互相攻伐，就完全是利益争夺的结果了。建安七年（202），袁绍在屡败于曹操后，忧愤成疾，最终病逝。三子袁尚在谋士审配、逢纪的拥护下，僭立为大司马将军，继承袁绍之位；长子袁谭则在谋士辛评、郭图的拥护下自立旗帜，并且在曹操这一外患尚未消除的情况下，互相攻伐。最终，袁谭被曹操所杀，袁尚在一再战败之后，与其兄长——袁绍次子袁熙一起投奔辽东公孙康，又被斩杀，首级被公孙康献给曹操。家大业大，显赫一时的袁氏家族，因为两代人手足相残，最终竟无一幸免，不免令人唏嘘。

袁氏两代兄弟都因为窝里哄而导致家族衰落。击败袁氏的曹氏一族，在曹操这一辈，曹操与曹仁、曹洪、曹纯等人之间尚算是兄弟和睦。强大的家族力量，也在曹操南征北战、统一北方的过程中发挥了重要作用。但是，到了曹家的下一代，便也开始兄弟不睦起来。

曹操在统一北方后，嗣子之争开始逐渐明朗起来，其中以曹丕和曹植之间的明争暗斗最为明显。这两个在曹操诸子中是最有才华，最有可能成为嗣子的人，也都曾是曹操嗣子的考虑人选。后来曹植因为嗜酒放旷，失去了曹操的信任，曹丕最终成为嗣子。在曹丕继位称帝后，虽然曹植曹彰等曹氏宗族对曹丕的帝位都不再有任何实质性的威胁，但曹丕对他的这些兄弟仍有各种明限暗防，最终使得曹氏宗族的力量日渐衰落。在司马懿发动高平陵政变时，曹氏宗族中，竟无一人有勤王之力，间接加速了司马氏对曹氏江山的蚕食过程。

兄 弟 陌 路

袁氏和曹氏家族都在一定程度上因为兄弟不睦导致家族衰落。在汉末三国时代，还有的亲兄弟，虽然兄弟之间本身没有仇隙，也没有到反目成仇的程度，但因为某些原因，最终老死不相往来，最为典型的就是诸葛瑾和诸葛亮。在年长的诸葛瑾先出仕孙策后，诸葛亮也于建安十三年（208）出仕刘备。之后，兄弟两人便极少再有来往。赤壁之战期间，孙权曾试图让诸葛瑾以兄长的身份，劝说诸葛亮留在东吴。诸葛瑾则回答："弟之不留,犹瑾之不肯往也。"也就是,正如诸葛亮对刘备至死不渝的忠心一样,诸葛瑾也对孙权忠心不二。之后,孙吴和蜀汉曾经有过多次往来,但为避嫌,诸葛瑾与诸葛亮始终都没有再见过面,兄弟二人最终老死不相往来。虽无仇怨间隙,但因为各事其主,致使亲兄弟老死不相往来,不免令人唏嘘感叹。

其利断金

以上几组亲兄弟,或反目成仇互相攻伐,或明争暗斗争权夺利,或各事其主不复往来,结局各不相同,但都不复亲密。那么,整个汉末三国时期,难道就没有一对兄弟是自始至终都亲密无间的吗?当然不是,有一对一直亲密无间的兄弟,就是司马懿的两个儿子:司马师与司马昭。

司马氏兄弟,自年幼时期起就一直受到司马懿的良好教育。在抵御姜维北伐和孙吴进攻的过程中,这两兄弟均发挥过重要作用。司马懿死后,司马师因年长,被封为抚军大将军,司马昭被封为骠骑大将军,与司马师共揽朝政。

此时,正是决定司马兄弟与曹魏政权命运的时刻。因为,虽然曹丕与曹植曾为了嗣子之位明争暗斗,但两个人的实际能力和地位并不对等。曹丕是嫡长子,而且和曹植相比,更经常跟随曹操东征西讨,作为嗣子候选人,实际能力明显比曹植要强。可以说，这场嗣子之争，曹丕从一开始就是处于优势的。而司马懿去世的时候，司马师除了年龄比司马昭稍长外，兄弟二人在地位、能力、影响上，基本上是平起平坐的。也就是说，这两兄弟和曹丕、曹植相比，更有可能陷入权力和继承人的争夺。而且在当时，虽然司马懿通过高平陵政变以及其后的一系列行动，初步掌握了曹魏政权的核心权力，但在那时的曹魏政权的朝臣边将中，仍有相当数量的人是忠于曹魏皇室的。这兄弟二人之间，只要有一点兄弟不睦、争权夺利的苗头，就极容易受到旁人挑拨和利用，陷入兄弟反目、争权夺利的斗争，最终走上袁、曹兄弟的老路。这兄弟二人，司马师没有轻视、瞧不起司马昭，司马昭没有嫉妒、不服司马师。二人携手合作，打退姜维北伐，镇压毌丘俭叛乱，剪除夏侯玄等曹魏忠臣，使司马氏的权力愈加稳固。他们两个也成为了历史上少见的二者都未称帝，但都同入祖庙的兄弟二人。

从以上种种兄弟的经历结局中，我们不难看出，袁曹兄弟因为眼前的东西而反目，最终失去了长远的、更大的利益。司马氏兄弟面对眼前的权力地位，没有自相争夺，而是携手合作，最终获得了西晋的建立这一更大的收获。和则成争则亡，三国故事告诉人们，兄弟姐妹之间只有团结和睦，才能获得更长远、更大的利益。

6 别样君臣

说到古代的君臣关系,大家的第一印象是怎样的?三跪九叩?君要臣死,臣不得不死?的确,古代大多数的君臣关系都是比较传统的,无非就是你给我钱财爵禄,我为你忠心卖命。但是,在《三国演义》中,有这么一些君臣,他们之间有着超越一般君臣、非同一般的关系。他们有的亲如兄弟,有的如同师徒,有的则有超越一般君臣的依仗和信任。当然也有既别样亦传统的君臣关系。

同 榻 而 眠

说到特殊的君臣,可能有一对人物很多人并不知道,那就是孙权和鲁肃。在孙策死后,孙权执掌江东,鲁肃被周瑜引荐给孙权。在刚投到孙权麾下后不久,孙权和鲁肃就显示出了非同一般的君臣关系。"一日,权留肃共饮,至晚同榻抵足而卧",从这里就可以看出孙权对鲁肃的看重。因为,别说是在君臣等级观念根深蒂固的古代社会,就是现在,一般的上下级要"同榻而卧",也是难以想象的。正是在这里,鲁肃为孙权献上了战略眼光并不逊于诸葛亮《隆中对》的《榻上策》。赤壁之战前夕,当孙吴的大多数谋士都主张投降的时候,鲁肃却为孙权献上了一番金玉良言:"如肃等降操,当以肃还乡党,累官故不失州郡也;将军降操,欲安所归乎?位不过封侯,车不过一乘,骑不过一匹,从不过数人,岂得南面称孤哉!众人之意,各自为己,不可听也。将军宜早定大计。"孙权在听到这一番金玉之论后,高兴地表示"此天以子敬赐我也"。赤壁之战后,孙吴在合淝与曹操相持。有一次,鲁肃随援军来到,孙权又做出了一番惊人的举动:"人报鲁子敬先至,权乃下马立待之。"在一向"君贵臣轻"的古代,从来都只有臣子跪迎君主,没有这样主公知道臣子要来,下马站着等待臣子的。鲁肃在孙权心中的地位,在此可见一斑。

那么,为什么孙权会如此看重鲁肃呢?这背后是有其深层次的原因的。孙权执掌江东后,虽然当时手下文有程普、周瑜、张昭、张纮、虞翻,武有韩当、周泰、黄盖、太史慈,完全称得上是人才济济。但是,细究之下就能发现:上述文武人才中,程普、黄盖、韩当是从孙坚时期起跟随至今的老臣;周瑜、周泰、二张、太史慈等,则都是孙策主政时期招揽的人才。孙权主政时年仅十八岁,麾下很多臣子都因为孙权年轻,或是因为他年轻而瞧不起他,或是因为资历浅而担心他难当大任,甚至在某些情况下会摆资历而不听他的。在这种情况下,孙权会很自然地需要任用、提拔一些真正从一开始就完全心服于他的人才,并借以树立他在臣子中的威信。如此一来,他会对在执掌江东后第一个投到他麾下的鲁肃如此器重,也就不奇怪了。

君 臣 兄 弟

除了格外的倚重和信任外,有的君臣在特别的信任和倚重的基础上更多了几分至亲关系,达到了亲如兄弟的程度。这一类中,首先要提的一对便是孙策和周瑜。《三国演义》中,周瑜第一次出场的时候,便明确地表示过:"瑜与策同年,交情甚密,因结为昆仲。策长瑜两月,瑜以兄事策。"也就是,周瑜和孙策虽然名义上是君臣,但是实际上的感情关系已经超出了普通君臣的范畴,达到了亲如手足的程度。在孙策荡平江东的过程中,周瑜多次率军相助,为孙策荡平江东立下了汗马功劳。在孙策去世的时候,周瑜也曾"哭拜于灵柩之前"。如果是一般的君臣,在君主去世的时候,他只会是礼节性的祭拜,而不会达到"哭拜"的程度。这里也能很明显地看出,周瑜和孙策非同一般的君臣关系了。

当然,说到亲如兄弟的君臣,不能不提的一组就是刘备关羽张飞三兄弟了。这三人在起事时就结义为兄弟,之后一直"食则同桌,寝则同床",这也是普通的君臣绝对达不到的特殊关系。在第十四回中,张飞因为醉酒失事,丢了徐州,失陷二嫂后,羞愧地意图自刎。刘备毫无责罚,还说出了那句很有名的话:"妻子如衣服,兄弟如手足。"在刘备被打败,关羽暂投曹操期间,张辽曾经问关羽:"公与玄德交,比弟与兄交何如?"关羽义正辞严地回答:"我与兄,朋友之交也;我与玄德,是朋友而兄弟,兄弟而又君臣也;岂可共论乎?"这也算是正式的为刘关张三人的关系做了一个注解。这三人从结义起事开始就不是普通的君臣关系。刘备既是关羽张飞的义兄,又是他们的主公。关羽张飞既是刘备的义弟,又是他的臣子。在二十余年南征北战的过程中,这三人始终保持着这种兄弟般的亲密与主臣的信任。在关羽和张飞被谋害后,刘备怒火中烧,不听群臣劝谏而执意要兴倾国之兵讨伐东吴,为二位义弟报仇。能在死后让主公兴倾国之兵为之报仇的,绝对不是关系一般的普通臣子能享受的"待遇",更可以印证刘关张这组桃园三兄弟"朋友而兄弟,兄弟而又君臣"的特别关系。

臣 为 君 师

除了亲如兄弟外,还有的君臣在某种程度上有师生般的关系。这样的君臣，就是刘备和诸葛亮。诸葛亮"帝王师"般的地位，在三顾茅庐的时候就已经显现出来了。在第三次顾茅庐、终于见到诸葛亮后，刘备说："望先生不弃鄙贱，曲赐教诲。""大丈夫抱经世奇才，岂可空老于林泉之下？愿先生以天下苍生为念，开备愚鲁而赐教。"两次用"赐教"，显示出刘备对诸葛亮不耻下问的态度。在请得诸葛亮出山后，又直接明明白白地点出"玄德自得孔明，以师礼待之"，显示出诸葛亮非同一般的"帝王师"的地位。在这之后很长一段时间里，刘备对诸葛亮几乎都是言听计从，倚重如山。以上种种，无不显示出诸葛亮"帝王师"的特殊地位。

君要臣死

以上这几组君臣，虽然具体类型稍有不同，但都是比一般君臣要更加的亲密，彼此更加的依仗和信赖。但在三国时期，有的君臣，虽然开始的时候确实君明臣忠，而且主公也多次采纳臣子的进言，但是最后，却因志向冲突分道扬镳，落得个君孤臣死的下场。

这一类中，最为典型的一对，便是曹操与荀彧。荀彧在刚投到曹操麾下的时候，就获得了曹操"此吾之子房也"的高度评价。在曹操攻打徐州的时候，后方兖州遭到吕布偷袭，也全靠荀彧设计死守才没有丢失。在和袁绍正式撕破脸后，荀彧一语道破袁绍麾下诸人的弱点："田丰刚而犯上，许攸贪而不智，审配专而无谋，逢纪果而无用。此数人者，势不相容，必生内变。颜良、文丑，匹夫之勇，一战可擒。"官渡相持的时候，也是荀彧用一封书信劝曹操继续坚持，使得曹操等到了逆转局势、获得胜利的时机。可以说，曹操集团前期，曹操和荀彧就比普通君臣更多了几分倚重和信任，超过了一般的君臣。

然而，揭示曹操和荀彧真正的特殊关系，还是在于荀彧的结局。在统一北方后，曹操代汉自立的野心渐渐增长，他和荀彧在志向上的矛盾和冲突逐渐显露了出来。建安十七年（212），曹操和一些谋士互相密谋，意图晋爵魏国公，加封在古代被视为君王能授予大臣最高礼遇的九锡。荀彧表示反对："不可，丞相本兴义兵，匡扶汉室，当秉忠贞之志，守谦退之节。君子爱人以德，不宜如此。"荀彧的志向是"匡扶汉室"，很显然，曹操到这个时候，早已不再想"匡扶汉室"了。所以，荀彧的反对触怒了曹操，使得曹操不再像从前那样倚重荀彧。在因为封魏公的事触怒曹操后不久，曹操送了一个空的食盒给荀彧，荀彧就服毒自尽了。

7 名士身份

汉末三国的大乱世,群雄并起,英雄辈出。很多胸有大志的人都希望能投到一位明主麾下,谋得一官半职,实现胸中抱负。但是,这些人在渴望追随明主的同时,往往又会自重身份,不会很轻易就接受某位主公的征招。

桀纣尧舜

说到自重身份,有一个可能很多人都不知道,就是东汉末年的大学者蔡邕。第四回中,董卓废少帝、立献帝后,自命为相国,但"赞拜不名,入朝不趋"。在李儒的建议下,董卓开始擢用名流,蔡邕也在被征招之列。蔡邕作为当时的名士,看到董卓擅行废立,知道董卓不是什么好鸟,拒绝了董卓的征招。但是董卓大权在握又残暴好杀,不能容忍有人忤逆、违背他,当场就派人告诉蔡邕:"如不来,当灭汝族。"迫于董卓淫威的蔡邕只好投到董卓麾下,也受到了董卓的优待,"一月三迁其官,拜为侍中,甚见亲厚"。董卓被诛的时候,蔡邕因感董卓知遇之恩,伏董卓之尸而哭,结果被王允下令下狱缢死。

很多人读到这里,都会认为蔡邕不辨忠奸。其实,蔡邕哭董卓,正是自重身份的表现。董卓虽然暴虐无道,恶贯满盈,但毕竟对蔡邕礼遇有加,待遇甚厚。董卓对其他人而言是暴虐无道的魔王,但对蔡邕来说却是有知遇之恩的主公。正如毛宗岗所言:"设有人受恩于桀、纣,在他人固为桀、纣,在此人则尧、舜也。"甲之糟粕,乙之琼浆,蔡邕哭董卓,外人来看是不辨忠奸,其实是蔡邕重身份的表现。

力 聘 而 至

除了蔡邕外,还有一对人物,也是自重身份的典型,这就是孙吴政权前中期的重要谋士,江东二张:张昭、张纮。第十五回中,孙策独立起兵时,周瑜向孙策引荐了这两人:"一人乃彭城张昭,字子布;一人乃广陵张纮,字子纲。二人皆有经天纬地之才,因避乱隐居于此。吾兄何不聘之?"孙策当场命人带礼聘请,但两人都辞谢不来。孙策见状,亲自前往两人家中,"与语大悦,力聘之",两人方才受聘而出。

像这样派人去请不来，要主公亲自去请才来的做法，表面上看是在摆架子，实际上却是自重身份的表现。因为，明主固然要择贤才，但贤才也要择明主。如果遣使去请便一请便允，难免会让主公轻视你。要主公亲自来请，既能验证一下这个主公是不是真心求贤，也能让自己在投到这位主公麾下以后更受重视。毛宗岗在此处也评价两人"有身份。若呼之即至者，周瑜亦不荐之矣"。

8 《三国演义》中的女性

在男权至上的中国古代，有各种各样的女性，或主动或被动，或正面或负面地在时代的舞台上，扮演了各种各样的角色，但广为流传的大多是民间故事或文学作品中的人物，如花木兰替父从军，出征柔然，被追封为孝烈将军；樊梨花与夫挥戈与共，策马沙场，被封为一品诰命镇国夫人。《三国演义》中的女性形象虽不如男性形象那么出彩，但亦值得一提。

义妇良母

女性在地位不高的古代，最重要的社会功能就是作为母亲养育后代。《三国演义》中就有几位好母亲。第三十六回中，刘备以徐庶为军师，攻下曹仁驻守的樊城。曹仁逃回许昌，告诉曹操刘备获胜因得到单福为谋士。得知单福其实是徐庶化名的曹操，在程昱的建议下，将徐庶的母亲请到许昌，骗徐母曰："闻令嗣徐元直……今在新野，助逆臣刘备，背叛朝廷，正犹美玉落于汙泥之中，诚为可惜。今烦老母作书，唤回许都，吾于天子之前保奏，必有重赏。"又说刘备，"沛郡小辈，妄称皇叔，全无信义，所谓外君子而内小人者也。"结果，被徐母当场大骂："汝何虚诳之甚也！吾久闻玄德乃中山靖王之后……屈身下士，恭己待人，仁声素著……真当世之英雄也。吾儿辅之，得其主矣。汝虽托名汉相，实为汉贼。乃反以玄德为逆臣，欲使吾儿背明投暗，岂不自耻乎！"说罢，甚至还"取石砚便打曹操"，惹得曹操大怒，几乎要砍了徐母，被程昱制止。

制止曹操杀徐母后，程昱诈称曾与徐庶结为兄弟，待徐母如亲母，赚得徐母笔迹后，诈修家书一封，把徐庶骗到许昌。徐母见徐庶前来，大怒而骂："辱子飘荡江湖数年……何其反不如初也！汝既读书，须知忠孝不能两全。岂不识曹操欺君罔上之贼？刘玄德仁义布于四海……汝既事之，得其主矣，今凭一纸伪书，更不详察，遂弃明投暗，自取恶名，真愚夫也！吾有何面目与汝相见！汝玷辱祖宗，空生于天地间耳！"骂得徐庶"拜服于地，不敢仰视"。当面大骂曹操，已是可敬。大骂徐庶，更加可敬。

说到《三国演义》中的贤母，有一位事迹偏少，却同样典型。就是孙权的母亲吴太夫人。

先要讲清楚一点，后来甘露寺看新郎的那个吴国太并不是孙权的亲娘，而是孙坚的次妻、孙权亲娘的妹妹。孙权的亲娘在第三十八回就病逝了。病逝前，吴太夫人先把周瑜、张昭叫到榻前，嘱咐曰："我本吴人，幼年亡母……后生次子权，又梦日入怀。卜者云：'梦日月入怀者，其子必贵。'不幸策早丧，今将江东基业付权。望公等同心助之，吾死不朽矣！"又嘱咐孙权，"汝事子布、公瑾以师傅之礼，不可怠慢。吾妹与我共嫁汝父，则亦汝之母也；吾死之后，事吾妹如事我。汝妹亦当恩养，择佳婿以嫁之。"言毕而终。

表面上看，吴太夫人这番言语好像没什么稀奇的。在《三国演义》前后十多次托孤中，吴国太的这次好像并没什么突出之处。然而，细究之下就能发现，吴太夫人托孤不是先叮嘱儿子孙权，而是先关照两个臣子——张昭和周瑜，也就是延续孙策遗志"内事不决问张昭，外事不决问周瑜"，然后才嘱咐孙权，换言之，就是先公事，后私事。在嘱咐孙权的时候，又是先让孙权礼敬张昭和周瑜，最后才是敬奉干娘和养育妹妹。概括地讲，吴太夫人这番托孤，是先公事后私事，在私事上，又是先尊贤后养亲，实际上仍然是先公后私。如此深明大义，先公后私，无怪毛宗岗赞叹："何东吴奇女子之多乎！"

节 女 贤 妻

说到东吴的奇女子，有一位比吴国太名气还要低，但也是十分典型的例子。这也涉及女性除了母亲以外，另外一项重要的身份——妻子。同样是在第三十八回中，孙权的弟弟，丹阳太守孙翊将大会宾客，他的夫人徐氏既美且慧，极善卜《易》。当天算了一卦，其象大凶，于是劝孙翊不要会客，孙翊不听。结果当晚席散，孙翊就被部属妫览、戴员买通的从人边洪杀害。

斩杀孙翊后，妫览见徐氏貌美，要霸占徐氏。徐氏假装答应，又以"夫死未几，不忍便相从"为由拖延时间。随即秘召孙翊心腹旧将孙高、傅婴二人，请二人帮忙报仇。答应的二人连夜派遣心腹下属星夜报告孙权。待到晦日，徐氏先召孙、傅二人藏于密室之中，然后设祭于堂上，祭毕，随即脱掉孝服，浓妆艳抹，言笑自若，并请妫览入府饮酒。喝到几分醉意，又请入密室。等妫览刚进密室，徐氏马上大喊："孙、傅二将军何在？"孙、傅二人随即一人一刀，把妫览砍死。徐氏随即把戴员请到府上，同样杀之于孙、傅二人刀下。徐氏这才重穿孝服，将二人首级祭于孙翊灵前。此次为夫报仇，徐氏能忍住巨大的丧夫之痛，假装"言笑自若"以麻痹仇人，并懂得利用孙翊心腹旧将协助报仇，聪慧若此，不愧为才貌双全的女子也。

当然，说到《三国演义》中的贤妻，还有一位最不能不提。第四十一回中，携百姓南逃的刘备在长坂被曹操追上，家眷、将佐全被冲散。被冲散的赵云在乱军之中寻觅，先后找到简雍、甘夫人、糜竺，却始终没找到糜夫人和阿斗。最终，只剩得孤身一人的赵云，终于发现糜夫人和阿斗在一处枯井土墙边啼哭。糜夫人喜曰："妾得见将军，阿斗有命矣。望将军可怜他父亲飘荡半世，只有这点骨血。将军可护持此子，教他得见父面，妾死无恨！"只此一语，糜夫人已胜过寻常妇人许多。因为，在四面都是曹军的情况下，糜夫人就算抛下阿斗求生，也是很正常的。何况，阿斗是刘备的另一位夫人甘夫人所生。值此生死存亡的危难之际，糜夫人却能视如己出，将阿斗托付给赵云，已是尤为难得。赵云还想请糜夫人上马，自己步行保护。糜夫人再三不肯，眼见周围喊声渐起，糜夫人索性将阿斗弃于地上，转身投入枯井而死。为了保全并非己生的儿子，不拖累赵云而毅然赴死。提到长坂单骑救主，世人皆称赞赵云忠勇无双，又有多少人钦敬糜夫人舍命护子的了不起呢？

身 不 由 己

无论是忍辱报仇的徐氏，还是舍生护子的糜夫人，都是毅然决然，主动而为之。然而，在男权至上的古代社会，更多的女性却无法掌握自己的命运。第八回中，董卓在讨董联军无疾而终后，愈发无所顾忌，暴虐骄奢，无所不作。时任司徒的王允见董卓骄横，寻思无计，在府中长吁短叹，被王允收养在府的歌妓貂蝉看到。貂蝉先表示："近见大人两眉愁锁，必有国家大事，又不敢问。今晚又见行坐不安，因此长叹。不想为大人窥见。倘有用妾之处，万死不辞！"王允便趁势提出："今欲用连环计，先将汝许嫁吕布，后献与董卓；汝于中取便，谍间他父子反颜，令布杀卓，以绝大恶。"当时已不容不答应的貂蝉当即应允。之后的事，便是很多人熟悉的了。貂蝉在王允的配合下，先许吕布，又许董卓。在这两个色鬼之间，曲意逢迎，挑拨离间，最终引得二人反目。貂蝉此举虽然可以算得上大功一件，但是细究之下，吕布和董卓二人，一个见利忘义、有勇无谋，一个暴虐淫威、骄奢无度，都不是像貂蝉这样的绝代佳人值得依靠的男子。因身处乱世，汉室倾危，像貂蝉这样的女子身不由己，只能被王允这样的高层人物用来当作除掉敌人的工具，不免让人唏嘘感叹。

除了貂蝉以外，还有一位女性，虽然人生经历比貂蝉稍好，但最终也成为身不由己的工具人。第五十四回中，讨要荆州不得的周瑜，听闻刘备的甘夫人病逝，心生一计：以孙权的妹妹招刘备入赘，待把刘备骗来，却幽禁在狱中，以讨荆州。结果，一眼看破周瑜计谋的诸葛亮将计就计，先是把周瑜和孙权计划中的秘密婚姻宣扬得人尽皆知，然后又利用孙权绝对不敢违碍的吴国太，把本来的虚假婚姻弄假成真。一计不成的周瑜又生一计，试图利用孙夫人把刘备困在温柔乡，结果又被早有准备的诸葛亮识破，以荆州军情紧急为由，哄得孙夫人一起回荆州。在路上遇到追兵，走投无路之时，又是刘备看了诸葛亮的锦囊，用一跪二哭三上吊之计，诱得孙夫人出面喝退追兵。在这整个过程中，不管是孙吴两用美人计，还是刘备情急退追兵，孙夫人始终都是那个被挪来用去的工具人。而刘备这样一个天下唯二的世之枭雄，想来也不会把和孙夫人的男女情义看得有多重。身为郡主，婚姻大事却身不由己。这也是在古代，出身优渥的女性命运的缩影。

除了上述这几位外，《三国演义》中还有很多其他女性：走一步错一步，活活把自己的亲哥哥坑死的何太后；老公死了没多久就心甘情愿委身曹操的邹氏；隔屏听政，献降荆州，最终却死在曹操刀下的蔡夫人等，在此不一一详举。以上种种女性，不管是主动还是被动，都在汉末三国的乱世中演活了自己的角色。

9 三国中的背锅侠

"背锅"近几年一直是一个常用网络语，意为本来不该承担的责任，因为种种原因，或主动或被动地帮其他人承担过失。现代社会，大大小小的背锅案例时有发生。同样，在千百年前的三国时代，也有不少替别人背锅的可怜人。

欲借汝头

提到三国时期的背锅侠，有这样一位小角色不可不提，那就是曹操手下的一位小龙套——仓官王垕。第十七回中，曹操率军在大败袁术后，围攻袁术的老窝寿春城，守将李丰坚守不出。曹兵十七万，每日耗粮巨大，治下地盘又荒旱，接济不及。曹操紧急向孙策借得十万斛粮，不久又告急。在这种情况下，王垕告急于曹操："兵多粮少，当如之何？"曹操表示："可将小斛散之，权且救一时之急。"在军粮不足的情况下，减少给单个士兵的粮草，确实是可行的救急之法。王垕表示担忧："军士倘怨，如何？"曹操表示："吾自有策。"王垕只得依命而行。

在用小斛分粮后，曹操暗中派人在军营中打探消息，果然军士都抱怨曹操欺众。曹操于是密召王垕并说："吾欲问汝借一物，以压众心，汝必勿吝。"王垕还不知道曹操要借什么，就问："丞相欲用何物？"操曰："欲借汝头以示众耳。"王垕大惊失色道："某实无罪！"操曰："吾亦知汝无罪，但不杀汝，军心变矣。汝死后，汝妻子吾自养之，汝勿虑也。"随即下令将王垕推出斩首示众，并出榜晓谕众军："王垕故行小斛，盗窃官粮，谨按军法。"于是军心才安定下来。自己没有更好的办法而推行小斛，在军心生变后又推锅给王垕，强行用手下人的命来安定军心，曹操之奸，真是如鬼如魅。

当缚当杀

除了王垕外，还有一位小人物也被迫背过锅，就是在司马昭弑君一事中，被当枪使的成济。第一百一十四回中，魏帝曹髦因不甘长期在司马昭手中做傀儡天子，意图讨伐司马昭，夺回大权，但却事先被司马昭察觉。早已不把曹髦这个提线木偶放在眼里的司马昭决定先发制人，除掉曹髦。

没多久，曹髦率领宿卫军三百余人，仗剑升辇，意图讨伐司马昭。迎面而来的，却是司马昭的心腹谋士贾充，率领成倅、成济兄弟，并数千铁甲禁军。曹髦秉着最后一点帝王威严大喝："吾乃天子也！汝等突入宫廷，欲弑君耶？"然而，傀儡天子的一句大喝，抵不过贾充对成济的一句呼喊："司马公养你何用？正为今日之事也！"成济挺戟而问："当杀耶？当缚耶？"贾充回答："司马公有令，只要死的。"在得到贾充的回复后，成济遂直接提戟直奔曹髦。曹髦一句"匹夫敢无礼乎！"还没说完，就"被成济一戟刺中前胸，撞出辇来；再一戟，刀从背上透出，死于辇旁"。事后，司马昭却直接推锅给成济，把成济斩首灭族。虽然毫无迟疑地问出"当缚当杀"的成济也是目无君主，助纣为虐，但是和幕后主使司马昭相比，成济无疑是那个可怜的背锅侠。

大 意 背 后

除了王垕、成济这样的小人物外，《三国演义》中有些大人物也帮别人背过锅。其中有一个人大家可能想不到，就是"大意失荆州"的关羽。第六十三回中，诸葛亮在入川时，留关羽驻守荆州，并嘱咐关羽"北拒曹操，东和孙权"。在这之后，关羽在守荆州的过程中，渐渐忘了诸葛亮的嘱咐，在第七十三回中，孙权在犹豫要助魏取荆还是联刘攻曹的时候，诸葛瑾提议以孙权之子求亲于关羽之女，却偏偏被关羽很不识相的一句"虎女安肯嫁犬子"怼了回来，从而使本就趋于恶化的孙刘关系彻底降至冰点，最终，吕蒙白衣渡江，袭取荆州，关羽大意被擒，不屈而死。

后人读到这里，往往会愤恨孙吴背信弃义，或扼腕关羽轻敌大意，极少会有人想到这背后的原因。实际上，关羽失荆州，表面上是因为轻敌大意，实际上却是为诸葛亮背了个大锅。因为，关羽不论是驻守荆州，还是北攻襄樊，所践行的都是诸葛亮在《隆中对》所提出的"跨有荆、益"和"任一上将将荆州之兵以向宛、洛"的战略。然而，《隆中对》所阐述的战略方针中，"跨有荆、益"和"外结好孙权"这两条本身是存在着不可调和的矛盾的。表面上，关羽在面对孙权求亲时的傲慢无礼和进兵时的轻敌大意是其丢掉荆州的主要原因，但实际上，《隆中对》的错误战略，决定了不管是谁、怎么守荆州，孙吴发兵袭取荆州都只是时间问题。关羽的傲慢无礼和轻敌大意，只不过是加速了蜀汉丢掉荆州的到来。也就是说，关羽的行为，只不过是催化剂，诸葛亮的错误战略才是蜀汉丢掉荆州的主要原因。然而，后人却只怪罪关羽大意失荆州，却极少追究背后诸葛亮的责任。其实，和失街亭的马谡一样，关羽也只是诸葛亮错误战略的背锅侠而已。

　　读到这里，我们可以发现，不管是有意还是无意，本文中提到的，让别人给自己背锅的三个人——曹操、司马昭、诸葛亮，都是某种极端的代表：曹操专擅朝政，司马昭废主弑君，这两人在《三国演义》中都是大奸大恶的代表。因为奸恶到了一定的境界，所以可以轻而易举地让那些无足轻重的小角色用命帮自己背锅。而诸葛亮则是智的化身，聪明绝顶，妙算无双，所以后人不能容忍诸葛亮有任何哪怕最小的瑕疵，就更不用说像这样根本的战略性错误，于是很自然地就会找到一个替诸葛亮背锅的。像这样为了捧高主角或是突出主要人物，而牺牲其他人的例子，在很多小说中都有，大家在阅读的时候要多加注意。

战事透析 二

1 官渡之战

——祸起萧墙破金汤

《三国演义》作为描写汉末三国时代群雄争霸的小说，描绘了多场气势恢宏、场面宏大的战役。在这诸多战役之中，有这么一场被后人当作教科书一样反复研究的著名战役：袁曹官渡之战。

虎头蛇尾

在演义中，官渡之战最早起于第二十二回。然而，这场战役还未开始，结局似乎就已经注定了。这一回中，曹操在和袁绍撕破脸后，与谋士商议对策。孔融建议："不可与战，只可与和。"面对荀彧的反问："袁绍无用之人，何必议和？"孔融又分析了自己的理由："袁绍士广民强。其部下如许攸、郭图、审配、逢纪皆智谋之士；田丰、沮授皆忠臣也；颜良、文丑勇冠三军；其余高览、张郃、淳于琼等俱世之名将。——何谓绍为无用之人乎？"表面上看，孔融的话似乎不无道理。当时，袁绍在击败公孙瓒后，兵多粮足，谋士无缺，武将勇猛，表面实力明显要强于曹操。荀彧却很不以为然："绍兵多而不整。田丰刚而犯上，许攸贪而不智，审配专而无谋，逢纪果而无用。此数人者，势不相容，必生内变，颜良、文丑，匹夫之勇，一战可擒。其余碌碌等辈，纵有百万，何足道哉！"事实也正如荀彧所料，曹操和袁绍领兵在黎阳对峙了两个月，却因为"许攸不乐审配领兵，沮授又恨绍不用其谋，各不相和，不图进取"，而导致"袁绍心怀疑惑，不思进兵"，失去了获胜良机。

陷 入 僵 局

袁曹两军虽然在第二十二回中彻底撕破脸，但是真正开战却还隔了三回。第二十五回中，曹操在大败刘备、收降关羽后，正式和袁绍开战。在开战前，袁绍就已经显露出了败相：在刘备的极力怂恿下，袁绍准备进兵攻曹。这个时候，袁绍的谋士田丰谏曰："今徐州已破，操兵方锐，未可轻敌。不如以久持之，待其有隙而后可动也。"袁绍不仅不听，还下令把田丰打入牢中。袁绍如此不纳忠言，连一向强烈鄙斥曹操的清初文学批评家毛宗岗评论这一情节时都在偏袒曹操了："不听其言，又辱其身，待士如此，安能胜曹乎？"

之后，便是人们所熟知的情节了，曹操借着关羽的神威武艺，斩颜良、诛文丑，两胜袁绍。袁绍虽然损兵折将，却并未伤及根本，他见识到了曹操的实力强劲，于是起倾国之兵七十余万，开往官渡。曹操也起兵七万，前往拒敌。开战前，沮授向袁绍献策，建议袁绍跟曹操打持久战。当时，袁军的单位作战能力不如曹军，但军队数量和粮草储备都远胜曹军。如果袁绍采用此策，不战而胜的可能性很大。而袁绍不仅不听，还斥责沮授："田丰慢我军心，吾回日必斩之。汝安敢又如此！"而且还"将沮授锁禁军中，待我破曹之后，与田丰一体治罪"！

虽然如此，袁军毕竟有数量优势，初次交锋，便仗着人多，万箭齐发，暂时杀败曹军。之后，他筑土山立高橹，被曹军投石车击破，地道战又被壕沟防御。袁军一时无法攻破曹军，曹军面对袁军的数量优势也只能被动防御，双方一时陷入僵局。

局 势 逆 转

僵局的打破，还是因为袁曹双方最大的差距——粮草。

两军相拒月余，曹军粮草不继。危难之下，一次偶然的探哨中，曹军截获了袁军细作，知道了袁将韩猛将押运粮草前来的消息。曹操当机立断，派徐晃前往，截住韩猛，烧毁粮车。袁绍知道以后，令谋士审配回到在河北的大本营邺城监督粮草。另一边，曹操军粮告急，发回大本营许昌求措粮草的书信又被许攸的手下截获，许攸趁势向袁绍进言："若分一军星夜掩袭许昌，则许昌可拔，而操可擒也。"此计独到之处在于，充分利用己方数量上的绝对优势，一边在正面用大军牵制住曹军，再以一支精兵轻装急袭曹军大本营，让曹军首尾不能相顾。但袁绍听到这一足可一战定胜负的计策时，却又开始"好谋无断"起来："曹操诡计极多，此书乃诱敌之计也。"正在谈论间，袁绍接到审配的举报信，说许攸在冀州时，曾滥受民间财物。袁绍于是大怒："滥行匹夫……汝与曹操有旧，想今亦受他财贿，为他作奸细，啜赚吾军耳……可速退出，今后不许相见！"袁绍不分主次缓急，因为许攸品行上的问题而否定他的计策，使得许攸对袁绍彻底死心，并在从人的建议下，投归曹操。

  许攸在投顺曹操后，受到了曹操的热情接待，并当场为曹操献上了反败为胜之道："袁绍军粮辎重，尽积乌巢……公可选精兵诈称袁将蒋奇领兵到彼护粮，乘间烧其粮草辎重，则绍军不三日将自乱矣。"曹操听知此计，当即采纳，并亲率五千精兵杀向乌巢。袁绍发现乌巢有失，与属下商议对策。此时还在袁绍麾下的张郃提议和高览同救乌巢，谋士郭图却认为，曹军既然截粮，大营必然空虚，此时攻击曹操大营，可迫使曹军回救。袁绍最终采纳了郭图的建议，让张郃、高览往击曹营，部将蒋奇领兵一万往救乌巢。结果，张郃、高览被早有准备的曹军杀得大败，往救乌巢的蒋奇又被截乌巢的曹军杀得片甲不留。已是人心惶惶之时，郭图又在袁绍面前进谗言，说张郃、高览因早有降曹之心，故意不肯用力，使得袁绍欲杀二人，逼得二人不得不率领本部兵马投顺曹操，至此，袁绍之败已不可挽回了。

张郃、高览归曹后，粮草被截、人才流失的袁军已是军心惶惶。许攸又在此时献策曹操："可扬言调拨人马，一路取酸枣，攻邺郡，一路取黎阳，断袁兵归路。袁绍闻之，必然惊惶，分兵拒我；我乘其兵动时击之，绍可破也。"曹操又当即采纳，袁绍果然中计，各分兵五万救邺郡、黎阳。曹操趁势八路齐出，直奔绍营。军心已乱，又无粮草的袁军已是斗志全无，一冲就散，一溃千里，被杀者八万余人。袁绍只带随行八百余人逃回河北。至此，官渡之战，曹操大获全胜。

回顾官渡之战，袁绍之所以会在兵力、粮草都有绝对优势的情况下输掉这一仗，核心原因就在于袁绍"好谋无

劫乌巢孟德烧粮

断"的毛病。从一开始和曹操开战，袁绍就踌躇未决，主张不定，对臣下又缺乏应有的信任，许攸、张郃、高览都先后被逼走。除此之外，臣属之间不和也是重要原因。从开始的"许攸不乐审配领兵"到审配举报许攸，间接导致许攸投曹，再到救乌巢失败后郭图逼走张郃、高览，都是内部不团结的表现。主公缺乏主见，臣属又不团结，内部矛盾如此严重，难怪一向最为鄙斥曹操的毛宗岗，也会贬袁捧曹了。

2

赤壁之战
——团结力量大

《三国演义》所描绘的大大小小的战役,在不同程度、不同规模上对汉末三国的局势产生了影响。曹操三战徐州,最终确立了自己在长江以北、黄河以南广大地区的统治地位,之后的官渡之战则使曹操取代袁绍,成为了天下实力最强的势力。然而,有这么一场战役,不仅规模当时最大,对天下局势的影响在汉末三国时期也无出其右者。这就是孙、曹、刘三大巨头都参与进来,奠定三国鼎立基础的赤壁之战。

孙刘联盟

第四十回中,曹操在平定北方后,开始向南用兵,起五十万大军,誓要饮马长江,扫平江南。原荆州牧刘表的小儿子在刘表死后僭立为荆州牧,并在属下王粲、蒯越等人的怂恿下,决意献州而降。听闻刘琮投降的刘备,不得不弃樊城而逃。曹操在兵不血刃进入襄阳、收得荆州的近三十万军队后,听闻刘备逃往江陵,派五千精甲骑兵一路追击,并在当阳长坂坡追上刘备,先后成全了赵云单骑救主和张飞长坂怒吼的神迹。几乎被追上的刘备,在关羽和刘琦的支援下才逃到刘琦所在的江夏,得以片刻喘息。

刘琮的投降、刘备的南逃震动了江东的孙权。鲁肃主动请缨,到刘备处探听虚实,并把诸葛亮带到江东,意图促成孙刘联盟。诸葛亮到江东后,先是一番唇枪舌剑,把一干孙吴投降派驳得颜面扫地,然后又连连激将,使孙权决意抗曹,周瑜也卸下伪装,请诸葛亮相助破敌。第四十四回中,周瑜在朝堂之上,以一个顶级军事家的身份,把此战必胜的理由分析得鞭辟入里,帮助孙权下定了最后的决心。随着孙权的一句"诸官将再有言降曹者,与此案同",孙刘联盟正式形成。

连 环 用 计

虽然形成了联盟抗曹的大势,但是到具体的战术执行上,曹军的"八十三万"又是个不容忽视的数字。而且,周瑜还意图借曹操之手除掉诸葛亮,也使抗曹前景充满变数。第四十五回中,周瑜请诸葛亮去断曹操粮道,意图借曹操之手除掉诸葛亮,却被诸葛亮嘲讽了一番:"吾水战、步战、马战、车战,各尽其妙,何愁功绩不成,非比江东公与周郎辈止一能也。"还被教育了一番,"今只当先决水战,挫动北军锐气,别寻妙计破之。"周瑜没占到一点便宜。

  同一回中,曹操给周瑜写了封信,却因为信封上的"汉大丞相付周都督开拆"惹怒周瑜,致其毁书斩使,并派遣军将,将曹兵大杀一阵。当天晚上,探得原刘表麾下将领张允、蔡瑁担任水军都督,又趁曹操派蒋干探听虚实之机,以一封伪造的通敌信,诱骗曹操杀了这二人,除掉了心腹大患。在下一回中,周瑜想利用监造箭矢之机除掉诸葛亮,却反被诸葛亮一招草船借箭再次脱身。随后,周瑜和诸葛亮一致同意要用火攻击破曹军。接着,识破蔡中、蔡和诈降的周瑜,为了让曹操相信诈降,和东吴功勋老将黄盖联手上演了一出苦肉计。在苦肉计之后,孙吴谋士——素来和黄盖交好的阚泽接下了去曹营献降书的任务,并巧妙地抓住了曹操自负才智卓绝的弱点,一番精妙说辞,让原本已经怀疑诈降计的曹操反过来坠入彀中。接着,周瑜又请到了庞统,向正忧虑水军疾病之事的曹操献上了正对其胃口的连环计,确保了周瑜的火攻能一次性烧遍整个曹军。最后,诸葛亮又向病于没有东南风的周瑜献上了一剂特效药——七星坛祭风,完成了火烧赤壁的最后一次助攻。

赤壁烈焰

在万事俱备，只欠烈火以后，周瑜开始调兵遣将，先后拨派甘宁、太史慈、吕蒙、凌统、董袭、潘璋六队陆军，黄盖、韩当、周泰、蒋钦、陈武五队水军，兵分攻向曹营。此时的曹操看见黄盖的火船，还在自鸣得意："黄公覆来降，此天助我也！"虽然谋士程昱看出了黄盖的诈降："来船必诈，且休教近寨。""粮在船中，船必稳重；今观来船，轻而且浮。更兼今夜东南风甚紧，倘有诈谋，何以当之？"但为时已晚。黄盖一声令下，二十只火船撞入曹寨，只烧得"三江面上，火逐风飞，一派通红，漫天彻地"，"曹军着枪中箭、火焚水溺者，不计其数"。可叹曹操八十三万大军，几乎全部葬身于这片大江火海。至此，赤壁之战，孙刘联军大获全胜。

《三国演义》描绘过几十场规模不等的战役，但自小说面世以来，赤壁之战始终都是被公认为最精彩的一场。之所以会这样，一个重要因素是获胜方的胜因，是所有这些战役中最复杂的。官渡之战，曹操制胜的原因就在于许攸带来的关键信息。夷陵之战，孙吴能获胜全靠陆逊忍辱负重，目光如炬。而此战孙刘联军能获胜，周瑜除掉张允、蔡瑁的反间计，黄盖的苦肉计，阚泽献诈降书，庞统的连环计，诸葛亮借东风，都是不可缺少的原因。正是这样环环相扣、缺一不可的连环合计,使得赤壁一战,在《三国演义》成书后的数百年中,逐渐成为最为读者津津乐道的经典战役。

献密计黄盖受刑

3 夷陵之战
——意气用事要不得

《三国演义》所描绘的大大小小的战役中，有的只影响了暂时的区域局势，有的则对整个天下的长期局势产生了影响。之前写过的官渡之战确立了曹魏在北方的统治地位，赤壁之战则奠定了孙曹刘三足鼎立的基础。还有一场大战，虽然实际规模在三国时期相对偏小，但却也对三足鼎立乃至后来的走向产生了重要影响。这一仗，就是使得蜀汉元气大损、同时让名将陆逊一战成名的吴蜀夷陵之战。

兴 兵 雪 恨

夷陵之战始于第八十一回。刘备在孙吴袭取荆州、擒杀关羽后，决意兴兵伐吴。在即将兴兵之际，义弟张飞，又因为置办白旗白甲鞭打部卒，遭部下范疆、张达行刺而亡。仇上加仇，使得刘备更加悲愤，便不顾诸葛亮、赵云等人的谏阻，起倾国大军七十余万征讨东吴。孙吴惧怕蜀军势大，遣诸葛瑾为使，意图劝说刘备退兵。

诸葛瑾见到刘备后，先后用兄弟之情推锅关羽，接着推锅曹操、推锅吕蒙，又以夫人之情，甚至还用了交还荆州这一条件，试图劝服刘备撤兵缔盟，但都被刘备拒绝。无奈之下，孙权写表遣使，向曹丕称臣。曹丕虽然趁势封孙权为吴王，却并未直接出兵相助。面对渐渐逼近的蜀军，孙权不得不下令以孙桓、朱然为左右都督，起兵五万，前往拒敌。夷陵之战正式打响。

连 战 连 胜

孙桓虽然领兵对抗蜀军，但实际上，孙桓并没有什么对抗蜀军的良策，所依仗的只不过是麾下李异、谢旌两个勇夫。正因如此，孙桓和蜀军甫一交锋，就被杀败，孙桓所依仗的李异，也是第一次交锋就被关兴所斩。再次交锋，谢旌又被张苞所杀。右都督朱然听知孙桓连败两阵，正要来救，又被关兴、张苞杀败。连败三阵，损兵折将的孙桓，不得不一边退守彝陵城，一边向孙权求救。

孙权闻之，不得不以甘宁、韩当、周泰等五将领兵十万以救孙桓。然而，面对连战连胜、势头正猛的蜀军，周泰、韩当等人甫一交锋，也被张苞、关兴两员将门虎子杀得大败。名将甘宁因为带病出征，被蜀汉请来的外援五溪蛮王沙摩柯射杀。投降孙吴的糜芳和傅士仁见势不妙，把亲手擒获关羽的吴将马忠砍了，携首级觐见刘备，意图脱罪，却被刘备当祭品祭了关羽。孙权闻之，在步陟的建议下，把刺杀张飞的范疆张达，并张飞的首级，一并送还刘备。结果，刘备在用两人祭了张飞后，仍然怒气未息，誓要灭掉东吴。

临危受命

听闻刘备"恨不能将吴狗倾国灭尽"之言，孙权大惊，甚至"举止失措"。正在这危急关头，曾间接促成赤壁大胜的阚泽又一次站出来，向孙权保举陆逊："……见有陆伯言在荆州，此人虽名为儒生，实有雄才大略……主上若能用之，破蜀必矣。"面对张昭等其他谋士的质疑，阚泽更加大力保荐，"若不用陆伯言，则东吴休矣！臣愿以全家保之！"在阚泽的力荐下，孙权筑坛点将，拜陆逊为大都督，赐以宝剑印绶，令掌六郡八十一州兼荆楚诸路军马，以御刘备。

陆逊就任大都督，虽然比周瑜任大都督时权力更大，但和周瑜不同，陆逊上任时，接管的完全是一副烂摊子，不仅军队连战连败，毫无士气可言，部下诸将，如韩当、周泰等，欺陆逊"年幼才弱"，又是个书生，几次不遵"坚守不出"的号令，只因陆逊"违令者皆斩"的严令才勉强服从。在陆逊的指挥下，逐渐稳定下来的吴军坚守不出。欲战不得的刘备心中焦躁，又苦于天气炎热，将军营移至山林茂盛之地。殊不知，正是这一移，为这一战的结局埋下了伏笔。

火烧连营

见到蜀军移营后，陆逊发现了蜀军在"纵横七百余里，分四十余营"的阵势背后的致命弱点，对仍然心存疑惑的孙吴诸将解释道："备乃世之枭雄，更多智谋，其兵始集，法度精专；今守之久矣，不得我便，兵疲意阻，取之正在今日。"此时，因为长期求战不得，蜀军多已懈怠。陆逊见时机已到，令帐下末将淳于丹领兵五千往攻蜀营，结果被早有准备的蜀将傅彤和蛮王沙摩柯杀得大败而归。殊不知，这只是陆逊试探蜀军虚实的手段。尽知蜀军虚实的陆逊当即下令：韩当引一军攻江北岸，周泰引一军攻江南岸，每人手执茅草一把，内藏硫黄焰硝，各带火种……但到蜀营，顺风举火；蜀兵四十屯，只烧二十屯，每间一屯烧一屯。各军预带干粮，不许暂退，昼夜追袭，只擒了刘备方止。

当晚，正在御营思索破吴之策的刘备，忽然闻报江北营中火起，正要救时，御营左右屯又连报火起。顿时，蜀汉军营被烧得"江南、江北，照耀如同白日""自相践踏，死者不知其数""死尸重叠，塞江而下"。傅肜、程畿、冯习、张南、沙摩柯等多名大将战死，刘备全靠赵云救驾及时，才率剩余的百余残兵逃回白帝城。至此，夷陵之战，以孙吴大获全胜而告终。蜀汉经此一役，元气大伤，由盛转衰，失去了最后一丝两路北伐的可能。陆逊也凭此一战名扬天下，成为对孙吴有救亡续命之功的功勋重臣。

回顾整个夷陵之战，刘备之所以会在已经再三大胜，势不可挡的情况下一下子兵败如山倒，其核心败因，正是很多人都料不到的连战连胜。连战，则兵疲；连胜，则兵骄。骄和疲，在军事上都是两个非常容易导致失败的致命因素。更何况，刘备还是因为私愤而起兵。骄兵、疲兵加愤兵，这三个因素加在一起，刘备的失败，从起兵起就多少注定了。

4

七擒孟获

——兵战与心战

曹操袁绍决战官渡,是为了确立在北方的霸权。孙刘与曹操决战赤壁,是为了粉碎曹操对南方政权的威胁。不管由何而起,三国时期大小近百场战役,总是为了达到军事上或政治上的目的。然而,《三国演义》中,有这么一次战役,其目的自开战伊始就与众不同,这就是诸葛亮在北伐曹魏前的准备战役:七擒孟获。

心 战 为 上

第八十七回中,诸葛亮在闻知孟获起兵造反后,自点五十万大军,起兵平蛮。平蛮途中,马谡作为使者,奉诏赐众军酒帛。诸葛亮就势留之于军中,并请教曰:"吾奉天子诏,削平蛮方;久闻幼常高见,望乞赐教。"马谡当场为诸葛亮开说大计："南蛮恃其地远山险，不服久矣；虽今日破之，明日复叛。丞相大军到彼，必然平服……蛮兵若知内虚，其反必速。夫用兵之道：攻心为上，攻城为下；心战为上，兵战为下。愿丞相但服其心足矣。"

寥寥数语，将平蛮方略分析得淋漓尽致。的确，和由诸葛亮统领、调教已久、严守军纪、战法娴熟的蜀军比起来，南蛮军不谐战法，缺少谋略。两边真的正面交战，蜀军可以很轻松地碾压南蛮军。但是，和军事上击败南蛮的轻松相对的，是使其心服的困难。南蛮少数民族今日战败，明日复叛。如何使长期不服从管理的南蛮少数民族真正心服，是一个比简单的军事征服难得多的课题。

恩 威 并 用

定下征南方略的诸葛亮开始了"兵战为下，心战为上"的历程。第八十八回中，诸葛亮夹击伏兵并用，生擒南蛮洞主董荼那、阿会喃，将两人押到帐下，"尽去其缚，以酒食衣服赐之，令各自归洞，勿得助恶"。两人泣拜而去。自此，"俘而不杀，赐物放还"，成了诸葛亮在"攻城为下，攻心为上"纲领下一路惯用的手法。

同一回中，孟获亲自上阵，被诸葛亮杀得大败，本人和数十名蛮兵也被生擒。诸葛亮为了让蛮兵见识汉兵威仪，特别杀牛宰马,大摆宴席,"教帐中排开七重围子手,刀枪剑戟,灿若霜雪;又执御赐黄金钺斧,曲柄伞盖,前后羽葆鼓吹,左右排开御林军"。在这十分的威仪之下,诸葛亮对擒获的蛮兵再次开示优渥待遇:"吾想汝等父母、兄弟、妻子必倚门而望;若听知阵败,定然割肚牵肠,眼中流血。吾今尽放汝等回去,以安各人父母、兄弟、妻子之心。"说完,各赐酒食米粮而遣之。这一番"恩威并用,施恩为主"的攻心之术,再次起到了良好的效果,"蛮兵深感其恩,泣拜而去"。

攻 心 之 术

诸葛亮的攻心之法虽让一些蛮兵心悦诚服,可无奈不甘束手的孟获则心有不服,被放回后再聚洞兵与诸葛亮对抗。第八十八回中,诸葛亮遣马岱出阵,孟获则派曾被诸葛亮放回的董荼那对阵马岱,马岱大骂:"无义背恩之徒!丞相饶你性命,今又背反,岂不自羞!"董荼那"满面羞惭,无言可答,不战而退",回到洞中,诓骗孟获"马岱英雄,抵敌不住",但被孟获识破而打了一百大棍。深感诸葛亮活命之恩的董荼那本就对孟获有所不满,挨了这一百大棍后彻底站到了孟获的对立面,直接伙同部下把孟获捆了个五花大绑,献给了诸葛亮。未战而致敌军内讧,诸葛亮的攻心之术，可谓卓有成效。

诸葛亮的攻心之术虽然卓有成效，无奈顽固不化的孟获被擒数次，仍然死不回头，不肯归顺。随后他投奔西南朵思大王，欲以毒泉瘴气困死诸葛亮，无奈被诸葛亮一一化解。见毒泉瘴气不能成功，孟获欲纠集大军与诸葛亮决一死战，不料被表面上前来助阵、实则深感诸葛亮活命之恩的杨锋擒获，又一次成了诸葛亮的阶下囚。

终俘人心

冥顽不灵的孟获虽然被六擒六纵，仍然死不归降，他联合乌戈国国主兀突骨，并三万藤甲军气势汹汹地要找诸葛亮报仇，却被诸葛亮用诱敌深入之策，一把火把兀突骨和三万藤甲军烧了个干干净净。孟获也第七次被诸葛亮擒获，被押在营中。诸葛亮这次不直接和孟获见面，只把孟获和祝融夫人等宗族关在别帐，并让人传话曰："丞相面羞，不欲与公相见。特令我来放公回去，再招人马来决胜负。公今可速去。"至此，经历七擒七纵，冥顽不灵的孟获终于也扛不住了，"同兄弟妻子宗党人等，皆匍匐跪于帐下，肉袒谢罪曰：'丞相天威，南人不复反矣！''某子子孙孙皆感戴覆载生成之恩，安得不服！'"

坚持不懈的"攻心为上"终于成功的诸葛亮，随即趁热打铁，不仅令孟获永为洞主，七擒以来所夺之地，全部退还，还否定了僚属费祎设官管理的建议，并表示"今吾不留人，不运粮，与相安无事而已"。被诸葛亮从里到外彻底折服的南方少数民族，"乃为孔明立生祠，四时享祭，皆呼之为'慈父'；各送珍珠金宝、丹漆药材、耕牛战马，以资军用，誓不再反"。至此，诸葛亮的"攻城为下，攻心为上"终于彻底成功。

  回顾整个七擒七纵的过程，诸葛亮之所以能最终成功，关键还是对"攻心为上"的不懈坚持。虽然孟获一直冥顽不灵，但服顺之前的六擒六纵，已经在慢慢地摧垮孟获的心理防线。如果诸葛亮在第四、第五或第六擒的时候按捺不住而杀了孟获，那么不仅会前功尽弃，甚至还会对定南大业起到反作用。

5 街亭之战
——纸上谈兵的后果

不管是在什么时代,凡是对战争或政治形势产生了重大影响的战役,参战规模总不会太小。然而,三国时期,有这么一场战役,虽然战役规模并不大、参战兵力也不算多,但却给当时及之后的战争局势造成了重大影响。这就是令诸葛亮第一次北伐前功尽弃的街亭之战。

战 前 态 势

第九十四回中,诸葛亮自上表北伐以来,降三郡、收姜维、败曹真、破羌兵,连获大捷,心中甚喜。忽得镇守永安宫的托孤大臣李严之子李丰来报,投降曹魏的原蜀将孟达因渐渐失宠,又闻知诸葛亮起兵伐魏,准备起所统金城、新城、上庸三处军马,就彼举事,径取洛阳,响应诸葛亮北伐。

诸葛亮听了,还没高兴完,忽又闻报:"魏主曹睿,一面驾幸长安;一面诏司马懿复职,加为平西都督,起本处之兵,于长安聚会。"终于遇到真对头的诸葛亮大惊,尽管紧急派人提醒孟达小心提防,孟达还是被复职的司马懿"一日行二日之路",仅仅八天就杀到城下,打了个措手不及。

在擒斩孟达后,明白诸葛亮路数的司马懿为断诸葛亮归路,同张郃一道,引兵径奔街亭而来。听知孟达已死的诸葛亮也明白司马懿必取街亭,正问手下谁敢去守,马谡主动跳出来了,而且自信满满,张口"深通谋略",闭口"熟读兵书",面对诸葛亮的"司马懿非等闲之辈,更有先锋张郃乃世之名将,恐汝不能敌之",马谡居然表示:"休道司马懿、张郃,便是曹睿亲来,有何惧哉!若有差失,乞斩全家。"看轻真高手司马懿,而重视实际水平并不高的曹睿,尚未开战,败象已露。

书 生 用 兵

在马谡的极力要求下,诸葛亮命马谡为主将,王平为副将,点兵二万五千,往守街亭。尽管诸葛亮临行再三嘱咐"下寨必当要道之处",但马谡一到街亭,马上把诸葛亮的嘱咐忘了个干干净净,说:"当道岂是下寨之地?……可就山上屯军。"面对王平的正确建议,还左一个"兵法云:

司马懿克日擒孟达

凭高视下，势如劈竹"，右一个"孙子云：置之死地而后生"，完全一副书生面孔。最终，马谡仅分兵五千给王平，自领两万人马上山扎寨。

司马懿和儿子司马昭兵临街亭，见街亭有兵把守，本已感叹："诸葛亮真乃神人，吾不如也！"但听知马谡在山上屯军，马上大笑，"徒有虚名，乃庸才耳！孔明用如此人物，如何不误事！"随即令张郃引一军挡住王平，裨将申耽、申仪断了水源，然后自领大军，将山团团围住。马谡在山上，见魏兵团团围住，将红旗一招，蜀兵却无一人敢动。马谡大怒，自杀二将，蜀兵不得已，只得下山来冲魏兵。见冲突不动，只得又退上山去，紧守寨门。

见马谡困守孤山，司马懿却并不急着进攻，只是将山团团围住。围过半天，蜀兵无水无食，渐渐大乱。困到半夜，山南蜀兵大开寨门，下山降魏。司马懿又命人沿山放火，致使蜀兵愈乱。大势已去的马谡，只得驱残兵杀下山西逃奔。至此，街亭之战，以马谡的彻底完败告终。

战 役 影 响

街亭一战虽然持续时间短，参战兵力少，战役规模也不大，但却给整个魏蜀战局造成了巨大的影响。其一，街亭之战，蜀汉先后参与兵力近五万人，其中近四万人都在这一役中或降或亡。要知道，蜀汉一州之地，人口偏少，兵源本就纤薄，在仍未完全从夷陵之战的巨大损失中恢复过来的情况下，又接连经受了平定南蛮和初次北伐的消耗，从此实力更加削弱，组织北伐更为困难。

其二，第一次北伐时，曹魏因长期轻视蜀汉，在雍、凉一带的守备相对较弱。这才使得军事实力强于蜀汉的魏军被初次北伐的诸葛亮一再打败。在此之后，感到蜀汉威胁的曹魏加强了相应的兵力部署，曹真、张郃、郝昭、司马懿等多位著名将帅先后被派到前线。这也使得蜀汉虽然之后又五次北伐，但再也没能取得能比肩第一次伐魏的战果。

最后，也是最重要的一点，初次北伐的失败给诸葛亮的信心造成了极大的打击。第一次北伐前，无论是蜀汉的实力还是诸葛亮的心态，都如《出师表》中所言"今南方已定，兵甲已足，当将帅三军，北定中原……兴复汉室，还于旧都"，字里行间透露的都是士气满满，信心十足。但是，经历了第一次北伐的失败，特别是在一度形势大好的情况下被深得倚赖的心腹一招臭棋送掉好局，给诸葛亮的信心和蜀汉的士气都造成了极大的打击。相应的，在《后出师表》里，《出师表》中的士气满满，变成了"然不伐贼，王业亦亡"的无奈和"鞠躬尽瘁，死而后已"的悲壮。可以说，街亭一役，给蜀汉带来的是全方位的重大打击。

6

合肥之战

——个人在战争中的作用

古往今来,不管大小战争战役,两军交锋之时,个人的作用相对而言总是比较小的。尤其是当兵力对比达到一定程度时,个人的运筹帷幄和勇猛冲阵都将沦为无用。然而,在汉末三国时期,就有这样一场战役,明明双方的兵力对比极为悬殊,最后却完全在个人的作用下逆转乾坤。这一战,就是让曹魏名将张辽一战封神、堪称以少胜多之经典的合肥之战。

战前态势

第六十七回说,曹操取得汉中的消息传到西川,百姓震惶、君臣忧虑。为应对危机,刘备在诸葛亮的建议下,遣伊籍为使,以交还荆州的长沙、江夏、桂阳三郡为条件,游说孙权起兵攻合淝。在还荆州的诱惑下,孙权集结吕蒙、甘宁、周泰等多名大将,大军十余万,起兵攻打合淝。

将至合淝,孙权听取了吕蒙建议,先攻合淝前哨粮仓皖城。孙吴趁大军初到、士气正盛之时,一鼓作气,仅用半天,在张辽援军还在路上的时候就拿下了皖城。闻知皖城已失的张辽回到合淝,与副将李典、乐进计议对策。忽然曹操遣使送来书信一封,视之乃"若孙权至,张、李二将军出战,乐将军守城"。张辽与二人商议停当,对二人言曰:"既曼成(李典字)肯相助,来日引一军于逍遥津北埋伏,待吴兵杀过来,可先断小师桥,吾与乐文谦击之。"合淝大战一触即发。

威 震 逍 遥

第二天,孙权令吕蒙、甘宁为前队,自与凌统居中,大军往合淝杀来。吕蒙、甘宁前队兵至,正与乐进相迎。甘宁与乐进交锋不数合,乐进诈败而走。孙权听得前军得胜,催兵前进,正到逍遥津北时,忽闻连珠炮响,左边张辽,右边李典两军杀来,把吴军冲散。凌统大呼:"主公何不速渡小师桥!"话未说完,张辽军兵已到。孙权纵马上桥,桥已拆断。惊得手足无措的孙权,听了部将建议,收回马三丈余远,然后纵马加鞭,一跃飞过桥南。凌统正敌张辽时,甘宁、吕蒙回军而救,却被乐进、李典截住。吴军折兵大半。凌统所部三百余人尽皆战死。凌统幸得董袭驾舟接应才带伤逃回，吕蒙、甘宁也都死里逃生。至此，合淝之战，以张辽大获全胜而告终。

大 战 影 响

和官渡、赤壁、夷陵等大型战役相比，合淝之战虽然参战将领不多、投入兵力偏少，持续时间也很短，但仍然对当时的三国局势造成了重大影响。

逍遥津之战，张辽在兵力绝对劣势的情况下，巧玩斩首行动，力挽狂澜，不仅在军事上大胜孙吴，还杀得江南人人害怕，"闻张辽大名，小儿也不敢夜啼"，在心理上极大地震慑了吴军。自此战后，孙吴再也不敢觊觎合淝地区，吴魏在合淝一带的地界也维持了较长时间的稳定。

更为重要的是，经历了合淝之战以及后续战役的失败，孙权开始发现孙吴若主动进攻，在正面战场上难以和曹魏抗衡，于是不得不向曹魏服软求和。而孙吴一旦与曹魏相和，便不可避免地开始和刘备相离，这间接引发了后续谋羽取荆以及夷陵之战等一系列孙、刘之间的交战。可以说，合淝之战虽然是一场规模较小的局部战役，但是造成的影响，并不怎么逊于官渡、赤壁等著名大战，可以说是典型的"形小而实大者"。

7

石亭之战

——牵一发而动全身

古代战争中,敌对双方发生的战役,一般不会波及未直接参战的其他势力。然而,在汉末三国时期,却有这么一场战役,明明交战的只有两方势力,却对天下的局势产生了深刻影响。这,就是三国后期重要大战,让陆逊的地位达到巅峰的吴魏石亭之战。

战 前 态 势

第九十六回中,诸葛亮第一次北伐失败后,曹魏正计议御蜀之策,忽然扬州大都督曹休来报,说东吴鄱阳太守周鲂遣人上书,愿以郡来降,乞曹魏早早发兵接应并趁机伐吴。此时,一向老奸巨猾的司马懿表示:"此言极有理,吴当灭矣!"另一位谋士贾逵却表示:"吴人之言,反覆不一,未可深信。周鲂智谋之士，必不肯降，此特诱兵之诡计也。"参考两人建议后，曹睿遣贾逵、司马懿两路大军同助曹休南征。

在孙吴这边，孙权听取顾雍建议，召回镇守荆州的陆逊，并赐予陆逊极高的权力地位："封为辅国大将军、平北都元帅，统御林大兵，摄行王事；授以白旄黄钺，文武百官，皆听约束。"陆逊领命谢恩，保朱桓、全琮为左右都督，统兵七十余万，三路进兵御敌。

回到曹魏这边，大都督曹休领兵将至皖城，周鲂接着。尚有两分怀疑的曹休以言试探周鲂，周鲂放声大哭叫屈，还两次欲拔剑自刎。待被曹休拦下，又仗剑割下头发以表忠心。这番举动在现代人看来也许很滑稽，剪个头发就代表忠心了？但在古代，头发、胡子等须发被视为父母所赠之物，极为重要，不可轻弃，所谓"身体发肤，受之父母"也。本就毫无权谋心术可言的曹休见到周鲂如此举动，遂对其深信不疑，面对贾逵要提防周鲂的进言，还差点当场把贾逵砍了。闻知贾逵被削去兵权的周鲂暗喜，随即遣人密报陆逊，陆逊遂遣诸将前赴石亭埋伏，曹休也领兵尽赴石亭驻扎。石亭大战一触即发。

战役经过

曹休兵至石亭，见孙吴有准备，这才醒悟为周鲂所骗，但仍然强作镇定，令部将张普、薛乔各引二万军分别埋伏于石亭南北，自己准备诱敌。早就猜到曹休布置的陆逊将计就计，令朱桓、全琮各引军三万，走山路抄到曹休寨后，约定放火为号。自己再从中路引兵大进合力杀敌。布置停当，只待交锋。

当天黄昏，领命率军前行的朱桓抄到魏寨后，正迎张普伏兵，手起刀落把张普斩于马下，便令放火。正在此时，全琮领兵又到，正撞在薛乔阵中，大杀一阵，薛乔大败而走，奔回本阵寨。后面朱桓、全琮两路杀来，曹休寨中大乱。正慌乱时，徐盛又引大队人马从正路杀来。曹休大惊，在夹石道中奋力奔走。若非及时赶到的贾逵用疑兵计吓退徐盛，几乎要被徐盛抓住。朱桓等人奋力冲杀，把魏兵杀得"死者不可胜数，逃命者尽弃衣甲""所得车仗、牛马、驴骡、军资、器械，不计胜数，降兵数万余人"。至此，石亭之战，孙吴大获全胜。

战 役 影 响

石亭之战虽然持续时间不长，战役规模也有限，但仍然对当时的天下形势产生了多层次影响。

首先，石亭之战标志着曹姓宗室力量的衰弱。因为，同样是诈降骗人，赤壁之战的时候黄盖为骗曹操，用了半条命,而周鲂只断了一缕头发。一来一去,暴露出了曹休和曹操在权谋手腕上的巨大差距。曹休在石亭之战后不久就羞愧成疾,病发而死,胸襟也比上辈差了许多。此时尚存的另一位曹姓宗室,大将军曹真,无论权谋手腕和排兵布阵能力,也都无法和曹操比,自然也无法和司马懿相提并论。所以,虽然司马懿正式开始夺权之路还在十回之后,但石亭之战,早已暴露出了曹姓宗室力量的衰弱,也隐隐预示着司马家夺权之路之开启。

其次,孙吴石亭大胜,使得陆逊在《三国演义》中的地位达到了最后的巅峰。在石亭开战前,他就已经拥有了"封为辅国大将军、平北都元帅,统御林大兵,摄行王事;授以白旄黄钺,文武百官,皆听约束"的地位。大胜之后,孙权甚至"领文武官僚出武昌城迎接,以御盖覆逊而入"。可以说,陆逊此时地位比赤壁之战时的周瑜都有过之而无不及。

最后,孙吴石亭大胜,间接催动了诸葛亮第二次北伐。石亭大胜后,孙权在陆逊的建议下,修国书,遣使入川,一来为显自己威风,二来为通和会之好,三来欲请诸葛亮起兵伐魏。此时,兵强马壮、粮草丰足的诸葛亮本就已有出师之意,在孙吴大胜的刺激下,他决定起兵再伐曹魏。这样,石亭一战,于曹魏、于孙吴,甚至于并未参战的蜀汉都产生了不同层面的影响。因此,这一仗虽然规模虽不大,但影响,却是一点也不小。

陆逊石亭破曹休

石亭之战

8

博望坡

——引燃炸药库的小火星

蝴蝶效应是一个科学术语。原指在一个动力系统中，初始条件下微小的变化能带动整个系统长期、巨大、连锁的反应。古今中外的历史上，很多历史事件都有这样的特点：自身单独的影响并不大，但是却引发了后续一连串巨大的连锁事件。《三国演义》中，就有一场开启了后续一连串连锁事件的战役——博望坡之战。

战 前 态 势

第三十九回中，刘备请得诸葛亮出山的消息惊动了远在许都的曹操。为了防止刘备坐大，曹操令夏侯惇领兵十万，以于禁、李典、夏侯兰、韩浩为副将，征讨刘备。荀彧提醒他说："刘备英雄，今更兼诸葛亮为军师，不可轻敌。"夏侯惇并不以为然。徐庶又出来说："将军勿轻视刘玄德。今玄德得诸葛亮为辅，如虎生翼矣。"面对曹操的询问，为了突出诸葛亮的才能，徐庶还不惜自贬："庶安敢比亮？庶如萤火之光，亮乃皓月之明也。"夏侯惇这个时候还在说大话："元直之言谬矣。吾看诸葛亮如草芥耳，何足惧哉！吾若不一阵生擒刘备，活捉诸葛，愿将首级献与丞相。"说罢，领军登程。

镜头转到刘备这边。刘备自请得诸葛亮为军师后，以师礼待之。不过，包括关羽张飞在内的多人则不服，的确，诸葛亮未曾有过很出彩的表现。忽然闻报夏侯惇领兵十万而来，刘备以剑印付诸葛亮，让其全权指挥。诸葛亮一番调遣，安排伏兵火攻之计。众人虽然在剑印的强压下听令而去，却都疑惑不定。成竹在胸的诸葛亮甚至已经提前"命孙乾、简雍准备喜庆筵席，安排'功劳簿'伺候"。见诸葛亮如此成竹在胸，刘备都疑惑不定。一方是信心十足，统领十万大军的夏侯惇；另一方是人心不齐，不过三四千人的刘备。可以说，博望坡之战一开始就充满悬念。

战 役 经 过

话分两头。夏侯惇与于禁等人引兵将至博望，见到前来诱敌的赵云，忍不住大笑："吾笑徐元直在丞相面前夸诸葛亮为天人,今观其用兵,乃以此等军马为前部,与吾等对敌,正如驱犬羊与虎豹斗耳!"见到赵云出阵,还在张狂不已:"汝等随刘备,如孤魂随鬼耳!"赵云也不答话,纵马来战。不过数合,赵云诈败而走。夏侯惇纵马追赶,赵云走了十余里,回马再战,不过数合又走。夏侯惇引军赶至博望坡,刘备引军前来,接应交战。夏侯惇催军前进,刘备也诈败而走。夏侯惇得意到了极点:"吾今晚不到新野,誓不罢兵!"

走到半夜,夏侯惇只顾催军赶杀。赶到狭窄处,随军的于禁见两边都是芦苇,赶到前军提醒夏侯惇:"南道路狭,山川相逼,可防火攻。"话没说完,早望见一片火光烧着。一霎时,四面八方,尽皆是火。曹家人马自相践踏,死者不计其数。赵云回军赶杀,夏侯惇冒烟突火而走。李典见事不好,急往回赶时,正撞上关羽,慌忙夺路而走。于禁见粮草被烧,也投小路而逃。夏侯兰、韩浩来救粮草时,正遇张飞,被张飞一枪秒杀夏侯兰,韩浩则夺路走脱。刘备军直杀到天明,方才收军。这一仗杀得曹军尸横遍野,血流成河。至此,博望坡之战以刘备军大获全胜而告结束。

蝴 蝶 效 应

博望坡之战虽然篇幅不到半回,战斗规模也不大,参战人数也不算多，但却如引起复杂蝴蝶效应所煽动的翅膀，产生了连锁反应。首先，在这一战前，诸葛亮只是个乡野耕夫。不仅夏侯惇、张飞之辈认为他徒有虚名，就连曹操、刘备这个级别的人物也不知其能到底如何。经此一战，诸葛亮在兵力绝对劣势的情况下一举得胜，从此扬名天下，不仅奠定了自己在刘备集团内部的无上地位，也使得曹操再也不敢小瞧刘备和诸葛亮。

更重要的是，在这一战前，曹操认为刘备兵少将寡，不足为虑，只派了夏侯惇这样一个实际水平有限的战将前往征讨。经此一战，领教了诸葛亮厉害的曹操再也不敢怠慢，当即自领五十万大军，征讨刘备，并气势汹汹的意图趁势扫平江南，也间接引发了后续收降荆州、赵云七进七出、张飞大闹长坂、孙刘联盟、赤壁之战等一系列事件。可以说，博望坡之战，虽然自身的直接影响微乎其微，却引发了后续一连串重大事件。如果说后续曹操的南征到赤壁之战是个巨大的炸药库，那么博望坡之战，便是点燃炸药引线的那个小火星。

9 襄樊之战
——月盈则亏，盛极则衰

古往今来的很多战争中都存在着转折点战役，使一方在此一战以后由盛转衰。在《三国演义》中，就有这么一场战役，揭示出盛极而衰的定律。这，就是让蜀汉势力和武圣关羽达到最后巅峰、又迅速跌落的襄樊之战。

战前态势

第七十三回中，刘备拿下汉中、上庸诸郡，士气大盛。在臣子的再三推戴下，刘备上表汉帝，自称为汉中王。被刘备此举大大激怒了的曹操，在司马懿的建议下，遣满宠为使，往东吴游说孙权起兵取荆州。本就有取荆之意的孙权却不着急，让自荐为使的诸葛瑾到荆州，以孙权之子向关羽之女求亲为由，进一步试探再续孙刘联盟的可能。此时的关羽,很不识相的一句"吾虎女安肯嫁犬子乎!"把诸葛瑾赶回了东吴。被关羽的无礼激怒了的孙权决定联魏取荆。

消息传到成都,刘备在诸葛亮的建议下,封关羽为五虎上将之首,拜为前将军,令其先发制人,起兵攻打曹仁驻守的樊城。曹仁试图主动迎击,但被关羽一再杀败。自觉势危的曹仁遣人向曹操求救。曹操点于禁为主帅,庞德为先锋,大起七军,救援樊城。襄樊一城顿时成为各方关注的焦点。

威 震 华 夏

起兵之前,庞德为了誓以死报魏王厚德,令人造了一口棺材,以决一死战而张扬声势。素来骄傲的关羽大怒,不顾关平谏阻,领兵出马与庞德交战,第一日与庞德力战百合,不分胜负。第二天,领教了关羽厉害的庞德用诈败诱敌之计射伤关羽。誓报一箭之仇的关羽待箭疮平复,见于禁于樊城之北,依山下寨,又见骤雨数日,遂下令预备船只水具。关平还不明就里,关羽解释曰:"于禁七军不屯于广易之地,而聚于罾口川险隘之处……待水发时,乘高就船,放水一淹,樊城罾口川之兵皆为鱼鳖矣。"

当天晚上,庞德坐于帐中,忽听得"万马争奔,征鼙

关云长放水淹七军

震地",急出帐看时,只见"四面八方,大水骤至;七军乱窜,随波逐浪者,不计其数"。等到天亮,关羽率众将乘大船而来,一路绞杀,生擒于禁、庞德。而曹魏的七路大军,也大半淹死。此一战,关羽巧用天时地利,水淹七军,未经激战便大败魏军,不仅彰显了作为武圣人善用天时地利的用兵之智,更威震天下,吓得曹操几欲迁都以避之,使得蜀汉不论是在地盘还是气势,都达到了最高峰。

武 圣 陨 落

然而,在达到最高峰之后,紧随而来的就是盛极而衰。关羽的成功,使得原本就蠢蠢欲动的孙权再也坐不住了,令吕蒙进取荆州。吕蒙到陆口前线,见荆州已有准备,无计可施。此时,渐渐出头的陆逊献策,让吕蒙先称病辞职,再以他人代之。吕蒙随即上书孙权,就以有实学而无远名的陆逊取代自己。陆逊上任后,遣使作书,以甘言卑辞赞美关羽。听到孙权用有实无名的陆逊代替吕蒙,本就有三分轻敌的关羽不可避免地上了当,撤荆州大半兵开赴樊城听候调用。吕蒙见此机会,起三万大兵,扮作客商,白衣渡江,兵不血刃攻破关羽的沿江防线。同时,吕蒙还施展攻心之术:"如有妄杀一人,妄取民间一物者,定按军法。原任官吏,并依旧职。将关公家属另养别宅,不许闲人搅扰。"

闻知吕蒙拿下荆州的孙权,听取谋士建议,用与镇守公安的汉将傅士仁自幼交厚的虞翻为说客,劝得傅士仁和守南郡的糜芳归降。与此同时,奉命领五万大军救援樊城的徐晃见时机已到,便加力猛攻,并连拔五屯。关羽正在危急之时,又闻报傅士仁和糜芳献城而降,大惊失色,又被吕蒙心战与兵战并用,杀到手下只剩五六百人。走投无路的关羽只得奔走麦城,而遣廖化往上庸则求救不得。困守孤城,士兵逃散,粮草又尽的关羽不得已,只得出城再逃,结果又被等候多时的伏兵逮个正着。奋力突围的关羽父子力尽被俘,不屈而死。至此,襄樊之战,以孙吴袭取荆州、擒杀关羽,大获全胜而告终。

回顾整个襄樊之战,关羽之所以会在貌似已经势不可挡的时候急转直下,最终兵败身死,核心原因就在一个骄字。关羽性格本就孤傲,与刘备的特殊君臣关系又使他很少受约束,而自六十五回最后诸葛亮用信捧高关羽后,关羽愈发骄傲得没边。在受封五虎上将时,竟因不屑和黄忠并称而不肯受印。严格来讲,这已经是性质非常严重的不服从中央管理了。至于很不识相的"虎女犬子",更是骄傲得把诸葛亮的谆谆叮嘱抛到了九霄云外。骄傲到这个地步,虽是武圣,安得不败乎?

10
绵竹之战
——回光返照

回光返照，汉语成语，意为将死之人神志忽然清醒或短暂兴奋，或是旧事物灭亡以前表面上的短暂繁荣和稳定。中国古代，很多王朝在行将就木前都有过回光返照式的繁荣，汉末三国也不例外。今天，我就带大家看看《三国演义》中描绘的那场蜀汉行将入土前最后的回光返照——绵竹之战。

偷渡阴平

第一百十六回中，司马昭见蜀汉宦官误国，上下昏庸，命钟会、邓艾两路大军共二十万，起兵伐蜀。钟会先到，在二五仔蒋舒的配合下，里应外合打破阳平关，随即进占汉中。素来与钟会不和的邓艾知道钟会立了大功，心甚不乐，决意偷袭成都，抢回一些风光。于是他先令其子邓忠领五千精兵，不穿衣甲，各带斧凿器具，走阴平小路，遇山开路，遇水搭桥，冲在前面。

邓艾自己则带兵三万，各带干粮绳索，每行百余里，便留三千人下寨。二十余日，行了七百余里，到摩天岭时，邓艾身边就只剩两千余人。见邓忠和开路之兵因遇峻岭峭壁，不能开凿而哭，邓艾慨然曰："不入虎穴，焉得虎子？吾与汝等来到此地，若得成功，富贵共之。"于是下令先把兵器扔下岭去，又用毡布裹身，滚岭而下。部下中有毡布的，一样裹毡而下，没有毡布的，以绳索攀木挂树而下。偷渡摩天岭后，攻取成都已无大障碍，又得江油、涪城接连不战而降，收拢了大批辎重人马，邓艾令邓忠、师纂为先锋，兵临绵竹。消息传到成都，如梦初醒的阿斗命诸葛亮之子诸葛瞻为大将，诸葛亮之孙诸葛尚为先锋，领兵御敌。

最后荣光

师纂、邓忠二人将至绵竹，正遇蜀兵。两边布阵，只见蜀军阵中，数十人推出一辆四轮车，车上端坐一人，羽扇纶巾，鹤氅方裾。车旁展开一面黄旗，上书："汉丞相诸葛武侯"。吓得邓忠、师纂二人汗流遍体，不战而退。被蜀兵趁势掩杀，大败而归。

邓艾见二人不战而退,问二人何故。二人答曰:"但见蜀阵中诸葛孔明领兵,因此奔还。"邓艾大怒:"纵使孔明更生,我何惧哉!汝等轻退,以至于败,宜速斩以正军法!"众人苦劝,邓艾平息下怒气。令人哨探,方知领兵的是诸葛亮的子孙,车上坐着的不过是诸葛亮的木像。邓艾遂再令二人出战。两人再领一万兵来战蜀军,结果被诸葛尚一人战退,此时诸葛瞻率中兵从两掖兵齐出,往来冲杀数十次,魏军大败而还,死者不计其数。已是万分危急之时,诸葛尚以一敌二,战退两人,诸葛瞻指挥若定,连胜两场,不愧为武侯子孙也。

大 厦 将 倾

然而,这也就是蜀汉最后的回光返照了。连败两阵,损兵万余人的邓艾领教了诸葛瞻的厉害,遂写了封劝降封爵的信,引诱诸葛瞻出战。诸葛瞻见来信中以琅琊王之位诱降,大怒,毁书斩使,准备出战。

诱敌成功的邓艾先伏两军于后,自领兵向前搦战。诸葛瞻更怒,径直杀入阵中,邓艾败走。瞻随后掩杀,忽然两路伏兵齐出,蜀兵大败,只得退入绵竹,被邓艾团团围住。诸葛瞻因守绵竹,遣人往东吴求救不得,遂自领兵杀出,结果被魏兵围在垓心。瞻左冲右突,不能得脱,大呼曰:"吾力竭矣,当以一死报国!"遂拔剑自刎。诸葛尚在城上见父亲自刎而亡,勃然大怒,也披挂上马,面对部下谏阻,慨然言曰:"吾父子祖孙,荷国厚恩,今父既死于敌,我何用生为!"策马杀出,死于乱军之中。部将张遵、黄崇、李球三人,各引一军杀出,也都战死。

邓艾得了绵竹,成都已在风雨飘摇之中。诸葛瞻父子的战死,彻底击碎了刘禅本就不强的抵抗之心。紧接着的第一百十八回中,闻知绵竹已失,诸葛瞻父子战死的刘禅,在谯周劝主投降的建议下,出城投降。

回首整个过程,蜀汉的失败和亡国其实是早就注定了的。诸葛瞻之所以能让蜀汉有最后的回光返照,更多的还是因为邓艾偷渡摩天岭后,接连兵不血刃得到江油和涪城,轻敌所致。一旦作为军事名家的邓艾认真起来,诸葛瞻就再无机会了。而且,面对邓艾诱敌的劝降书,诸葛瞻也暴露出了他耐性的不足。对比司马懿对诸葛亮送的妇人巾帼笑而受之,诸葛瞻的做法表明他并没有领会父亲"非淡泊无以明志,非宁静无以致远"的告诫。何况,当时的蜀汉,因刘禅宠信黄皓,小人渐进,民有菜色。内政腐朽,强敌外伺。大厦将倾,独木难支。诸葛瞻纵得诸葛亮全部绝学,又何用耶?

11

诸侯伐董

——联盟不联

联盟,汉语词语,主要指两个或以上的国家、民族或是政党出于种种目的,通过正式协定建立的团体。古今中外的历史上,诞生过许许多多为战争所催生的军事联盟,汉末三国时期也不例外。今天,我就带大家来了解一下《三国演义》中描绘的那个开始轰轰烈烈,却结束得滑稽可笑的十八路诸侯讨董联盟。

歃 血 为 誓

第五回中,曹操在行刺董卓不成后仓皇逃出洛阳,随即回到家乡,在富豪卫弘的资助下,一边召集义兵,聚得万余兵马,一边发檄文,假称有皇帝密诏,召集诸侯联盟讨董。各路诸侯接到曹操檄文后,纷纷响应。十七路诸侯,

少者一万余人,多者三万余人,陆续率兵前来:

第一路,后将军南阳太守袁术。第二路,冀州刺史韩馥。第三路,豫州刺史孔伷。

第四路,兖州刺史刘岱。第五路,河内郡太守王匡。第六路,陈留太守张邈。

第七路,东郡太守乔瑁。第八路,山阳太守袁遗。第九路,济北相鲍信。

第十路,北海太守孔融。第十一路,广陵太守张超。第十二路,徐州刺史陶谦。

第十三路,西凉太守马腾。第十四路,北平太守公孙瓒。第十五路,上党太守张杨。

第十六,乌程侯长沙太守孙坚。第十七路,祁乡侯渤海太守袁绍。

表面上看,这十八路诸侯虽然聚集了三四十万人马,数量庞大,气势汹汹,但稍加分析就能发现,这所谓的十八路诸侯,真正能担当大任的寥寥无几。除了曹操、孙坚外,要么如袁绍好谋无断,要么如袁术骄奢淫逸,稍好一点的如马腾、公孙瓒、陶谦、韩馥之流,也不是缺少谋略就是优柔寡断。刘备当时甚至还没有诸侯地位、只是公孙瓒的随从而已。

不过，话虽如此，十八路诸侯总还算是颇有气势。待十八路聚齐，曹操杀牛宰马，大会诸侯。王匡建议："今奉大义，必立盟主；众听约束，然后进兵。"众人随即一致推举四世三公、门多故吏的袁绍为盟主。袁绍推辞不过，只得应允。次日，筑坛完毕，大家登坛而上，歃血为盟，袁绍等随即升帐，依爵位年龄分列坐定。袁绍随即说道："绍虽不才，既承公等推为盟主，有功必赏，有罪必罚。国有常刑，军有纪律。各宜遵守，勿得违犯。""吾弟袁术总督粮草，应付诸营，无使有缺。更须一人为先锋，直抵汜水关挑战。余各据险要，以为接应。"言未毕，孙坚出阵，表示愿为前部，袁绍随即命孙坚杀奔汜水关而去。诸侯讨董大戏正式拉开序幕。

如 此 联 盟

然而，在慷慨激昂的会盟后不久，讨董联盟很快就开始产生尖锐的内部矛盾。十八路诸侯之一的济北相鲍信见孙坚担任先锋，怕被孙坚抢功，于是先令其弟鲍忠领兵三千，到汜水关下搦战，结果一合就被华雄秒杀。后来孙坚杀到关下，部将程普秒杀华雄副将胡轸，孙坚一边向袁绍报捷，一边到总督粮草的袁术处催粮。结果，袁术因担心孙坚坐大，便听信谗言，不发粮草，致使孙坚缺食，被华雄杀败，部将祖茂也死于华雄之手。

败军回见袁绍，袁盟主大惊："前日鲍将军之弟不遵调遣，擅自进兵，杀身丧命，折了许多军士；今者孙文台又败于华雄；挫动锐气，为之奈何？"他既责怪鲍忠擅自行动，又责怪孙坚挫动锐气，却偏偏绝口不提袁术霸粮不发，如此护短，令人齿冷。正话间，闻报华雄搦战。联盟军接连派出俞涉、潘凤两员战将，也都被华雄秒杀。这时，跟随刘备出征的关羽按捺不住了，主动请缨要战华雄。袁绍袁术这对难兄难弟知道关羽只是个马弓手，当众斥责关羽："汝欺吾众诸侯无大将耶？量一弓手，安敢乱言！与我打出！""使一弓手出战，必被华雄所笑。"而关羽，正如大家所知的，温酒斩华雄，狠狠地打了袁绍袁术这对只知名爵的难兄难弟的脸。在温酒斩华雄后，关羽再接再厉，和刘备张飞一起，协力战败了连败讨董军四员战将、一时无人可敌的吕布，从此名扬天下。

鸟　散　兽　奔

吕布的战败大大震动了董卓，在谋士李儒的建议下，董卓决定强行迁都长安，暂避联军的锋芒。按理来说，这正是一鼓作气，追击董卓的大好时机。然而，当曹操提议趁势追击的时候，以袁绍为首的众多诸侯却纷纷裹足不前，惹得曹操大怒，遂亲自带夏侯惇、曹仁等万余人马追击董卓，被早有准备的吕布和部将徐荣杀得惨败，只剩五百余人逃回洛阳。与此同时，一度奋勇向前的孙坚，因为无意中打捞到了东汉传国玉玺，竟要直接退出联盟，潜回江东自谋发展。被袁绍说破秘密后，孙坚索性撕破脸，退出联盟，拔寨离洛阳而去。战败而归的曹操本就一肚子窝囊气，又见众诸侯各怀异心，对联盟失望透顶，也领兵而去。公孙瓒见袁绍无能无德，也和桃园兄弟三人拔寨北归。这时，兖州太守刘岱问东郡太守乔瑁借粮，乔瑁不借，刘岱竟直接带兵杀了乔瑁，尽降其兵，可以说把窝里反推向极至。袁绍见众人各自分散，也领兵离洛阳往关东而去。至此，一时轰轰烈烈的讨董联盟彻底分崩离析。

回顾联盟从成立到解散的整个过程，我们不难发现，一时声势浩大、轰轰烈烈的讨董联盟，之所以会很快分崩离析，关键在于盟员们的私心过重。无论是袁术怕孙坚坐大而霸粮，还是孙坚私自匿藏玉玺等，都是怀有私心而不顾大局的表现。

专题评述

1 《隆中对》与《榻上策》

凡是读过《三国演义》的人，大多对《隆中对》都不陌生。作为《三国演义》中"智"的代表，诸葛亮在未出茅庐之时，就先声夺人地为刘备提出了扭转局势、兴复汉室的战略规划。其高瞻远瞩的战略眼光和不容置疑的气势，使《隆中对》名流千古。但是，很多人都不知道的是，早在《隆中对》提出的八年前建安五年（200），已经有人提出过和《隆中对》性质相似、水平不差的战略指导思想。这便是东吴名臣鲁肃为孙权献上的《榻上策》。

榻 上 进 策

《榻上策》是鲁肃投奔孙权后不久，为孙权献上的战略指导思想，因献策时两人坐于卧榻上相谈而得名。"昔汉高祖欲尊事义帝而不获者，以项羽为害也。今之曹操可比项羽，将军何由得为桓、文乎？肃窃料汉室不可复兴，曹操不可卒除。为将军计，惟有鼎足江东以观天下之衅。今乘北方多务，剿除黄祖，进伐刘表，竟长江所极而据守之；然后建号帝王，以图天下：此高祖之业也。"

应当说，在建安五年那个时候，鲁肃能说出这样一番话是需要有相当气魄胆识的。因为在那个时候，东汉皇室和之后曹丕篡汉自立时相比，还残存着最后的影响力。曹操当时在政治上的资本就是"挟天子以令诸侯"，所以尽管他一直有代汉自立的野心，也不会贸然废汉自立。刘备纵横天下，一直以来以"兴复汉室"为纲领，所以更要打着拥护汉室的旗号。然而实际上，汉室皇帝在当时早已控制不住各路诸侯，曹操、袁术、孙坚等地方豪强早就开始有代汉自立的想法。鲁肃敢于捅破这层窗户纸，公然说出"汉室不可复兴"，可称得上是胆识非凡。除此之外，鲁肃在《榻上策》中为孙权提供的进取之方：首先"剿除黄祖"，再"进伐刘表"，最后"建号帝业"，这些均为孙权采纳并实施。这也间接地使得孙吴势力成为魏蜀吴三国中存在最久的势力。这充分说明了鲁肃的《榻上策》不仅切中时势，更具有非凡的战略眼光与远见卓识。

不过，因为鲁肃在孙吴的地位远不能和诸葛亮在蜀汉的地位相比，再加上《三国演义》把鲁肃塑造得又老实又窝囊，随之而来的，便是《榻上策》在后世远不如《隆中对》有名。其实，在战略眼光上，鲁肃的《榻上策》完全可以与诸葛亮的《隆中对》相媲美，甚至在某些方面还略胜一些。

隆中做对

与《榻上策》相比，《隆中对》的知名度无疑要高得多。一方面，这固然是因为诸葛亮在历史上的名气要远大于鲁肃，另一方面，《隆中对》也的确有其过人之处。

首先，是目光高远。《隆中对》首先分析了当前的天下局势："曹操势不及袁绍，而竟能克绍者，非惟天时，抑亦人谋也。今操已拥百万之众，挟天子以令诸侯，此诚不可与争锋。孙权据有江东，已历三世，国险而民附，此可用为援而不可图也。"在这种局势分析的基础上，诸葛亮提出了具体的进取之法："跨有荆益，保其岩阻，西和诸戎，南抚彝越，外结孙权，内修政理；待天下有变，则命一上将将荆州之兵以向宛、洛，将军身率益州之众以出秦川，百姓有不箪食壶浆以迎将军者乎？诚如是，则大业可成，汉室可兴矣。"概括地说，就是"东和孙权，西据荆益，南平彝越，北抗曹操"这十六个字方针。其中，关于"北抗曹操"，诸葛亮还提出了更具体的方针："待天下有变，则命一上将将荆州之兵以向宛、洛，将军身率益州之众以出秦川。"可谓双线齐出,互为策应。

其次则是步骤具体。两相比较,《隆中对》在如何实现一统天下之路上,比《榻上策》更具体。因为《榻上策》只提到"建号帝王,以图天下"为止,至于如何"以图天下"则没有展开论述;《隆中对》不仅提出了"大业可成,汉室可兴"的终极目标,还规划了每一步如何实施的具体方案。《隆中对》具备了一份优秀的战略规划所应有的实施步骤,也难怪诸葛亮能借此一下子吸引住刘备,使其按照他的方案图谋大业。

除此之外,《隆中对》与《榻上策》相比,还有一个很大不同是:《榻上策》的重点在于"竟长江所极据而守之",突出一个"守";《隆中对》的重点在于"成大业、兴汉室",突出的则是"进取"。纵观中后期的三国史,与蜀汉"取汉中""伐襄阳""六出祁山"等锐意进取的战役不同,东吴的多次大型战役,如赤壁之战、夷陵之战、石亭之战等,都是为了退敌防守,而非进取扩张。

然而,人无完人。在《隆中对》远见卓识的背后,存在着一个致命的漏洞。正是这个致命的漏洞,导致了诸葛亮与蜀汉最终的悲剧结局。这个漏洞在于,《隆中对》的战略意图想要成功,有两大缺一不可的支撑点,就是内要"据有荆益",外要"结好孙权"。然而,稍加分析,我们就能发现,这两个支点本身存在不可调和的矛盾。因为,不管按照鲁肃的《榻上策》，还是周瑜来不及实施的"天下二分之计"，荆州都是孙吴进图中原不可或缺的根据地。也就是说，蜀汉想要"取荆州为家"，就不可能真正做到"外结好孙权"。历史也正印证了这一点。在荆州被孙吴夺取后，蜀汉实力大损，军事上，已经失去了"任一上将，将荆州之兵以向宛、洛"的必要条件；政治上，蜀汉与孙吴再也无法恢复赤壁之战中那种唇齿相依的关系。诸葛亮，终其一生都在执着地践行一份一提出来就注定要失败的战略规划，也注定了他"星落秋风五丈原"的悲剧结局。

当然，导致一个政权兴亡的因素有很多，战略规划的优劣只是其中一个因素。不过，《隆中对》和《榻上策》的例子还是告诉我们：历史上，许多人事或文本的光环都是后人添加上去的，在阅读时我们要注意辨析才好。

2 《三国演义》中的伦理问题

《三国演义》作为我国古代长篇白话小说的代表，历来都是广大中小学生的必读书目之一。尽管《三国演义》所描绘的故事发生在距今一千八百年前的汉末三国时期，但是，如果用现代人的视角、理论去看那个时候的事，有的时候能得到不一样的结论。

奸雄露相

首先，来看《三国演义》中非常著名的一处情节。第四回中，曹操在谋刺董卓失败后仓皇出逃，路过一个小县的时候，因其行刺董卓的壮举打动了县令陈宫，使得陈宫决定跟随曹操，弃官而去。然后在曹操父亲结义兄弟吕伯奢家投宿时，因为误以为吕伯奢一家要谋害他们二人，于是与陈宫二人将除了吕伯奢本人外的一家八口尽数杀害，之后才发现他们一家只不过是要杀猪。二人不得不仓皇出逃，在出逃的路上遇到买酒归来的吕伯奢，曹操毫不犹豫地一剑把吕伯奢砍于驴下。陈宫大惊，责问曹操："适才误尔！今何为也！"曹操解释说："伯奢到家，见杀死多人，安肯干休？若率众来追，必遭其祸矣。"陈宫就责备曹操："知而故杀，大不义也！"曹操则淡定地说出了那句经典座右铭："宁教我负天下人，休教天下人负我。"

读到这里，或许很多人都会觉得曹操这里明知故犯杀害吕伯奢是大不义之举，尤其吕伯奢还是他父亲的结义兄弟。所以，曹操杀害吕伯奢这一行的背后，是极端的利己主义心理，也就是：只要能保证我自己安然无恙，我可以毫不犹豫、毫无底线地牺牲其他人的安全、利益。整部《三国演义》中，曹操后来很多看上去残忍、奸诈的行为，如借粮官之头安定军心，杀董承、诛伏后，耿纪、韦晃叛乱后诛杀无辜官员三百余人，背后都是这种极端利己主义心理的作用。

妻 子 兄 弟

接下来，是《三国演义》中另外一处颇具争议之处。第十五回中，张飞因醉酒失事，丢掉徐州后仓皇出逃去见刘备，被关羽一顿埋怨后羞愧得要拔剑自刎，被刘备拦住，于是就有了那个著名的观点："古人云：'兄弟如手足，妻子如衣服。衣服破，尚可缝；手足断，安可续？'吾三人桃园结义，不求同生，但愿同死。今虽失了城池家小，安忍教兄弟中道而亡？况城池本非吾有；家眷虽被陷，吕布必不谋害，尚可设计救之。贤弟一时之误，何至遽欲捐生耶！"

"兄弟如手足，妻子如衣服"，刘备的这句话一直以来存在广泛争议。很多人都认为，这句话是对女性极大的不尊重。但是，在《三国演义》故事发生的汉末三国时代，女性地位很低，很多时候都被当作男性的附属和仆从，甚至像物品那样被随意买卖。所以，刘备说出这样的话，在现代人看来或许确实是极度贬低女性，对女性极不尊重的体现，但是在那个时候，妻子家室不如兄弟朋友重要是很多男性的共识。更何况，刘备的"妻子如衣服，兄弟如手足"这句话背后，还有更深层的含义。不管是小说里还是历史上，关羽张飞都不仅是刘备的结义兄弟，还是刘备东征西讨不可或缺的左膀右臂。刘备是怀有兴复汉室、成就帝业的雄心壮志的人，他当然更不可能把妻子儿女这样对眼前成就功业毫无用处的人，看得比成就大业不可或缺的左臂右膀更重要。而且在那个情况下，张飞羞愧得要自刎，刘备只有把话说得让张飞觉得刘备很看重自己才能阻止。所以，"兄弟如手足，妻子如衣服"这句话，在当时是有特定情境的。

暗助旧主

还有一处，虽然不如曹操的"宁教我负天下人，休教天下人负我"和刘备的"兄弟如手足，妻子如衣服"有名，但仍然是很值得研究推敲的一处，这涉及职业道德问题的。第四十八回开头，赤壁之战前夕，庞统在通过连环计使曹操将船只都钉在一起后离开曹营，碰到故交好友、曹操谋士徐庶。徐庶说自己识破了庞统的连环计："你好大胆！黄盖用苦肉计，阚泽下诈降书，你又来献连环计：只恐烧不尽绝！你们把出这等毒手来，只好瞒曹操，也须瞒我不得！"庞统无奈地表示："你若说破我计，可惜江南八十一州百姓，皆是你送了也！"表示你想说破我的连环计我拦不住你，但是你要是说破我的计策，让曹操打败孙刘联军，荡平江南，那江东六郡八十一州百姓，就都被你害死了。徐庶马上针锋相对地说："此间八十三万人马，性命如何？"表示如果我不说破你的计策，让孙刘联军成功施展火攻，那我就等于是对这里的八十三万人马见死不救了。等到庞统进一步追问："元直真欲破我计耶？"徐庶才表明自己的立场："吾感刘皇叔厚恩，未尝忘报。曹操送死吾母，吾已说过终身不设一谋，今安肯破兄良策？"

行文到这里，表面上看，徐庶很重恩义，因为感刘备厚恩，明明看破庞统的计策却不说破，任由曹操八十三万大军被大火吞噬。但是，细细究来，这里却隐含着一个职业道德问题：你徐庶明明身为曹营谋士，却因为和刘备的旧交而暗中帮助刘备。这样虽然对你的旧主刘备而言是重情重义的表现，但是对你现在的主公曹操却知而不报，以现代的价值观来看，某种程度上是有悖职业道德的。就算你的旧主刘备对你恩情深重，就算刘备是仁义、正义、汉室的代表和象征，而曹操是奸诈百出、欺君罔上的汉贼，但曹操毕竟是你现在明面上的主公。虽然曹操为了招引徐庶间接害死了徐庶的母亲，但当一天和尚撞一天钟，徐庶这样的行为，如果抛开道义因素，完全从功利角度来看的话，明显是缺乏职业道德的行为。

生灵涂炭

还有一处，涉及在战争年代很容易出现的问题。第九十回中，诸葛亮在第七次擒孟获的时候，用火攻计，一把火把三万藤甲军连同统帅兀突骨烧得全军覆没、一干二净。"将兀突骨并三万藤甲军，烧得互相拥抱，死于盘蛇谷中。孔明在山上往下看时，只见蛮兵被火烧得伸拳舒腿，大半被铁炮打得头脸粉碎，皆死于谷中，臭不可闻。"诸葛亮见此场景,忍不住感叹:"吾虽有功于社稷,必损寿矣!"在后文中解释完所用计策后,又说道:"蛮兵如此顽皮,非火攻安能取胜?使乌戈国之人不留种类者,是吾之大罪也!"

这里就牵涉到一个问题,诸葛亮一生纵火无数,初出茅庐后,博望坡、新野两把大火烧杀曹军近二十万人,赤壁之战,和周瑜、庞统等人一番谋划,把曹军八十三万人烧得所剩无几。按理来说,这三次纵火烧死的人数比火烧藤甲军要多三十多倍,但诸葛亮却从来没有过如此叹息。这次火烧藤甲军烧杀三万人,和之前诸葛亮烧杀的人数比起来简直不值一提,为什么这次却有这种感叹呢?

可能的一种解释是,之前博望、新野、赤壁的三把火,都是为了杀敌。不在肉体上消灭这些曹军,就会被那些曹军在肉体上消灭。所以,对博望、新野、赤壁的曹军,别说是烧杀十万、八十万,就是一百万,八百万,也不会有任何道义和伦理上的困惑。而诸葛亮多次擒放孟获,则是要"攻心为上,攻城为下。心战为上,兵战为下"。因为诸葛亮征南的目的,不是为了在肉体上消灭南蛮少数民族,将南中诸郡纳入蜀汉治下,而是要在心理上降服南蛮少数民族,所以要尽可能地少杀戮,留活口。像这样一把火直接把三万藤甲军烧得一干二净,不仅在客观上和"攻心为上,攻城为下;心战为上,兵战为下"的要领背道而驰,甚至还"使乌戈国不留种类"，这样在客观上和征讨南蛮的最初目的严重不符，再加上"只见，蛮兵被火烧得伸拳舒腿，大半被铁炮打得头脸粉碎，臭不可闻"的惨烈场景，无怪乎诸葛亮会有"吾虽有功于社稷，必损寿矣"和"使乌戈国之人不留种类者，是吾之大罪也"的感慨了。

劝 阻 报 仇

接着，是另外一处相对而言没那么有名，但同样值得讨论的情节。第三十八回中，孙权讨伐黄祖的时候，日后成为孙吴第一员大将、此时还在黄祖麾下的甘宁射杀了孙权麾下战将、孙吴名将凌统的父亲凌操。在同一回中，甘宁在苏飞和吕蒙的建议和引荐下，投顺孙权。甘宁在投顺后，马上就作为孙权的先锋，参与了孙权再征黄祖的战役，并身先士卒，击杀黄祖，立下大功。然而，在战后庆功的时候，"正饮酒间，忽见座上一人大哭而起，拔剑在手，直取甘宁。宁忙举坐椅以迎之。权惊视其人，乃凌统也，因甘宁在江夏时，射死他父亲凌操，今日相见，故欲报仇。"孙权见状，马上劝解："兴霸射死卿父，彼时各为其主，不容不尽力。今既为一家人，岂可复理旧仇？万事皆看吾面。"

这里就是引起争议之处。孙权因为甘宁投顺后帮自己报了杀父之仇，对为了帮助自己报杀父之仇而和甘宁结下杀父之仇的凌统,就再三以"彼时各为其主,不容不尽力"劝解凌统,不让凌统报杀父之仇。孙权这样的做法,颇有点州官放火之意。而且,"彼时各为其主""一家人不理旧仇"这样让人不要因为一时私仇而耽误国家大事的劝言,很难让凌统这样自身并没有孙权、刘备这样能忍常人所不能忍的度量气魄和帝王心志,只知道冲锋陷阵,执行命令的战将级别的人物心服的。虽然在之后的吴魏濡须口之战中,甘宁通过救凌统之命,以德报怨,和凌统结为生死之交,但是孙权这样的劝解,却是有拉偏架之嫌。

3

曹操与关羽

众所周知,曹操作为《三国演义》着力塑造的"古往今来第一奸雄",一生中对不起的人不胜枚举。因为自己多疑,害了吕伯奢一家九口;因为贪恋美色,害死了爱将典韦和长子曹昂;为了稳定军心,害了粮官王垕;为了稳固自己的权力,先后杀害董承等五家七百余口、伏完一家二百余口、许都无辜官员三百余人。至于第一次攻打徐州的时候,以为父报仇为名,杀戮民众,发掘坟墓,殃及的无辜百姓更是数不胜数。

那么,曹操一生,就没有真正仁至义尽、对得起的人吗?

虽然少之又少,但并不是没有,至少有个让曹操仁至义尽,从来没有对不起的人,就是关羽。

曹操和关羽的渊源,在诸侯伐董之时就结下了。诸侯伐董之时,联军众人面对华雄的武勇束手无策的时候,关羽表示愿意出战。在知道关羽那时只是个马弓手时，袁术和袁绍这对难兄难弟先后表示："汝欺吾众诸侯无大将耶？量一弓手，安敢乱言？与我打出！""使一弓手出战，必被华雄所笑。"曹操则再三力保关羽。在袁术、袁绍等旧式贵族因出身、职位瞧不起关羽的时候，曹操却已经看出关羽"仪表不俗"，绝不只会"乱言"的无名小辈。

在打败吕布，因为衣带诏事件与刘备撕破脸之后，曹操打败刘备，准备攻取关羽据守的下邳，并表示要收降关羽。然后，就是大家所熟知的土山约三事。关羽面对张辽的劝降，提出了三个条件："只降汉帝，不降曹操""一应上下人等不许到门""但知刘备去向，虽远必往。"关羽的这三个条件，细究之下其实都不大占理：第一条的意思就是我关羽现在虽然迫于时势暂时投顺你曹操，但我绝对不会真正臣服于你。第三条就更加不占理了，汉末三国的大乱世，没有哪个主公收留一个人才就是为了有一天放他离去，跑到另一个主公手下的。更何况，关羽要归去的，是普天之下唯一和曹操自己并称英雄的刘备。而曹操在犹豫之后，很快就答应了关羽这个条件。

在见到关羽后，曹操毫不掩饰地表示："素慕云长忠义，今日幸得相见，足慰平生之望。"在到许昌后，曹操对关羽的礼遇，远远超过对其他任何一个人："以客礼待关公，延之上座，""小宴三日，大宴五日；又送美女十人"，除此之外,送异锦战袍,赠赤兔宝马,封汉寿亭侯。斩颜良的时候,甚至还"操与关公坐,诸将侍立"。这样的礼遇,莫说是曹操对待麾下人才,就是放到整部《三国演义》里,为了笼络人才而如此费力,恐怕只有刘备的三顾茅庐可以相提并论。给一个客居之将如此高的礼遇,全然不顾可能会因此而给自己原来麾下的谋士武将带来的不平衡感,这在某种程度上可说达到了非理性的程度。而在关羽封金挂印,不辞而别后,又由衷地赞叹:"不忘故主,来去明白,真丈夫也!汝等皆当效之。"程昱这个时候看不下去了,建议曹操追上并杀掉关羽,以绝后患。

在这里,理性地分析一下的话,曹操之前对关羽的种种礼遇,已经大大超出了一般情况下为了笼络人才的手段。一般情况下,不管是曹操还是其他主公,为了笼络人才,无非就是说两句好话,送点钱财,封个官职。除此之外,更高规格,更深层次的礼遇,只有某几个极少数的人享受过。而关羽在受了曹操如此极高规格的礼遇后,因为惦记着兄长、故主刘备不辞而别,并在这之后,关羽过五关,斩了曹操六个手下,这等于是在曹操原来的厚恩还没还完的情况下又有负于曹操。如此新恩旧义,再加上关羽义重如山的性格,那么在华容道遇到曹操的时候,不杀而放,就是再自然不过的事了。

以上种种,不免让我们感叹,曹操如此掏心掏肺地想要打动关羽的心，最后却是落花有意流水无情。然而，有一点很容易被忽略的是，曹操在《三国演义》中，是具有相当高的识人之明的。不管是说吕布"狼子野心，诚难久养"，还是说司马懿"非人臣也，必预汝家事"，以及在煮酒论英雄的时候，说袁绍"好谋无断"，说刘表"虚名无实"，无不是精准之极的评价。那么，以曹操如此的识人之明，难道他就不明白自己从一开始就不可能留住关羽的心吗？

虽然小说里没有表示过，但是以曹操这种程度的识人之明，是很有可能从开始就明白关羽是留不住的。所以，曹操给关羽种种非同寻常的礼遇，除了表面上为了打动关羽，留住关羽外，更多的还是为了做给麾下的文臣武将和天下人看：只要你有才有能，大可投到我曹操麾下，我不在乎你过去在谁麾下，干过什么。这一用人理念贯穿了曹操的一生。比如，贾诩投顺曹魏前，曾设计攻击曹操，不仅几乎成功杀害曹操，还害死了曹操的长子曹昂、侄子曹安民和爱将典韦。庞德归顺曹操前，曾作为马超麾下第一号猛将献计打下长安，一度给曹操带来了不小的麻烦。张辽在投顺曹操前，曾作为吕布麾下一员猛将几次对阵曹操，一度让曹操很是头疼。这三人在投顺曹操后，都得到了优待。其中，贾诩官至太尉，以七十六岁高龄寿终正寝。张辽位居五子良将，为曹操立下了汗马功劳。

而且，还有一点很重要的是，因为曹操在关羽投顺时答应关羽"但知刘备去向,虽远必往",所以,曹操在关羽离去的时候,就算知道关羽离开他后,不管是跟袁绍还是跟刘备,都是极大的后患,但为了树立自己言而有信的形象,还是不加阻拦,放走了关羽。这就是在告诉天下:我曹操言而有信,就算是明知道这样放任关羽离去,会多一个成为自己心腹大患的人,但仍然不加阻止。这样,就在全天下给自己博了一个讲信用的名声。

所以,曹操如此掏心掏肺的对待关羽,表面上是为了"施厚恩以结其心",实际上却是为了摆出姿态,既要使手下人更加忠心,也为了吸引天下英才。能降服关羽最好,就算不能,也能达成一定目的,不会一无所获。

曹操与关羽,千古第一奸雄与千古第一武圣,古今奇谈。

4

说英雄法与说奸雄法

每个人都有自己特别自信的东西,也许是某种品格,如忠诚、义气;也许是某种能力,如才智、创意。然而,很多时候,人往往就是会在自己最自信的东西上栽跟头。在《三国演义》中,就有两次栽在自负之处的经典案例。

说 英 雄 法

第一次是张辽土山说关羽。第二十五回中,张辽受命,前去说降被困于下邳城外土山上的关羽。见面之后,张辽先表示曹操虽然已经占领下邳,但对刘备的家眷很好。关羽则大义凛然地表示宁死不降。张辽却反过来嘲笑关羽:"兄此言岂不为天下笑乎?"然后又进一步说,"兄今即死,其罪有三。"接着表示你关羽当年和刘备桃园结义,立誓"但求同年同月同日死",现在刘备只是下落不明,还不一定是死了,你就这么急着就义,如果刘备复出,想得到你的辅佐而不可得,岂不是违背当初的誓言了吗?然后,刘备把嫂子托付给你保护,你如果英勇就义,两个嫂嫂怎么办呢?你死了以后二位嫂嫂没人保护照看,岂不是有负重托吗?最后,关羽一直辅佐刘备,力图匡君辅国,兴复汉室,张辽就用这条刘备一直以来的行动纲领打动关羽。关羽以为自己慨然赴死是对刘备的忠义,张辽偏说关羽这样只不过是匹夫之勇,根本不是义。

在对关羽一通指责,关羽已经非常动摇了之后,张辽才说出"不若且降曹公"的真正目的,同时又为关羽想好了后路,"却打听刘使君音信,如在何处,即往投之"。接着,又马上为关羽分析了暂投曹操的好处,"一者可以保二夫人,二者不背桃园之约,三者可留有用之身"。如此种种,简直给人一种"你现在不投降曹操就是对不起天对不起地,对不起刘备对不起你自己"的感觉。由此,的确最终说动关羽,使其在约定三事的前提下,归降曹操。

张辽之所以能成功劝降关羽,固然是因为他的说辞前后逻辑严密,有理有据;更重要的是,他很清楚关羽是义薄云天的大英雄。而要说服英雄,用说普通人的那种"识时务者为俊杰"的说法是行不通的。说英雄,低声下气的甘言卑辞,只会起到反效果。而像张辽这样,上来先义正词严地责备关羽,如果就这么就义,是会"为天下笑"的。

最重要的是，关羽义薄云天，最看重的就是一个"义"，张辽就偏偏说关羽意图慨然赴死是匹夫之勇，根本不是义，从对方最自信的地方下手，角度巧妙。

说 奸 雄 法

除了这次之外，还有一次和张辽说关羽极为相似的，便是阚泽下书诈曹操。赤壁之战前夕，在黄盖和周瑜一个愿打一个愿挨后，阚泽受黄盖嘱托，前往曹营向曹操下诈降书。要知道，曹操是生性多疑、计诈百出的"古往今来第一奸雄"。即使是真心投降，曹操也不会轻易相信，更何况是要诈降，更是难上加难。阚泽此次向曹操献诈降书的过程，堪称劝服类辞令的经典。

阚泽到了曹营，被带到曹操面前后，曹操先质问："汝既是东吴参谋，来此何干？"阚泽则反激曹操："人言曹丞相求贤若渴，今观此问，甚不相合。黄公覆，汝又错寻思了也！"然后表明来意，"黄公覆乃东吴三世旧臣，今被周瑜于众将之前，无端毒打，不胜忿恨。因欲投降丞相，为报仇之计，特谋之于我。我与公覆，情同骨肉，径来为献密书。未知丞相肯容纳否？"随即向曹操呈上黄盖的诈降书。曹操把书信看了十余次，突然拍案大怒："黄盖用苦肉计，令汝下诈降书，就中取事，却敢来戏辱我耶！"并让左右推出阚泽斩首。到这里，好像黄盖和周瑜的计谋已经彻底失败了，而阚泽这个时候却"面不改容，仰天大笑"，好像即将被推出去斩首的不是他而是别人。在即将被斩首的情况下，仍能镇定自若，面不改色，充分体现出阚泽胆识非凡。

曹操见阚泽表现如此反常，令手下把阚泽拉回来，责问道："吾已识破奸计，汝何故哂笑？"阚泽巧妙地表示："吾不笑你，吾笑黄公覆不识人耳。"因为阚泽要让曹操相信黄盖是真心投降，所以这里阚泽表面上是笑黄盖不能识人，实际上却是在嘲笑曹操不能容人。曹操不明就里："何不识人？"阚泽却欲擒故纵："杀便杀，何必多问！"

曹操这个时候还很自负："吾自幼熟读兵书，深知奸伪之道。汝这条计，只好瞒别人，如何瞒得我！"阚泽进一步诱导："你且说书中那件事是奸计？"曹操还在因为看破阚泽的"奸计"而自鸣得意："我说出你那破绽，教你死而无怨：你既是真心献书投降，如何不明约几时？如今你又何理说？"阚泽则进一步嘲讽曹操："亏汝不惶恐，敢自夸熟读兵书！还不及早收兵回去！倘若交战，必被周瑜擒矣！无学之辈，可惜吾屈死汝手！"这个时候，一向自负足智多谋的曹操也忍不住疑惑："何谓我无学？"阚泽偏偏又开始卖关子："汝不识机谋，不明道理，岂非无学？"曹操被勾得更加好奇："你且说我那几般不是处？"阚泽继续嘲讽曹操:"汝无待贤之礼,吾何必言!但有死而已。"到这里,曹操的好奇心被彻底勾起来了:"汝若说的有理,我自然敬服。"阚泽这个时候才不紧不慢地道出原委:"岂不闻'背主作窃,不可定期'?倘今约定日期,急切下不得手,这里反来接应,事必泄漏。但可觑便而行,岂可预期相订乎?汝不明此理,欲屈杀好人,真无学之辈也!"到这里,曹操才真正信了阚泽:"某见事不明,误犯尊威,幸勿挂怀。"

阚泽这里之所以能成功地从被"识破奸计",险些被斩,到说动曹操,让曹操相信他和黄盖是真的要倾心归降,关键在于两点。其一是足够的自信和胆气。要知道,阚泽面对的是生性多疑、计诈百出的曹操,任何一点点哪怕是最小的破绽都会致自己于死地。而阚泽能做到明明要被"推出斩之"的情况下,仍然能面不改色,甚至还能"仰天大笑",如此镇定自若,光在气势上就能把曹操唬住。更重要的是,他明白,要说服曹操这样的"古往今来第一奸雄",是绝对不能用说其他人的方法的。也许是有意也许是巧合,这里阚泽说曹操和前文张辽说关羽极为相似。关羽自认义薄云天,张辽就故意说他是匹夫之勇而不是义。曹操反复自夸"识破奸计""熟读兵书",自负才智卓绝,阚泽就故意反而言之,反复嘲讽曹操是"无学之辈",一点一点的让曹操对自己原本的观点和看法产生怀疑,直到彻底否定，从而落入阚泽的圈套。

"善游者溺，善骑者堕，各以其所好，反自为祸。"关羽自认义薄云天，反而被张辽抓住要害，说动降曹。曹操自负才智卓绝，却被阚泽反复嘲笑，一步步落入圈套。不管是古代还是现代，无论是政客将军还是富商巨贾，最容易跌跟头的，很多时候反而就是自己最自信的东西。

5 强中自有强中手

庞涓并非不会用兵，最终输给了技高一筹的孙膑；陈友谅心狠手黑，实力强大，也输给了境界更高一层的朱元璋；马龙球技不是不高，可叹连续两年碰上篮球之神迈克尔·乔丹。很多时候，一个人输给对手，并不是因为自己不强，实在因为对手更加强大。《三国演义》中亦有"强中自有强中手"的故事。

假途灭虢

说到强中自有强中手，有一个不得不提的人物就是周瑜。第五十六回中，鲁肃奉孙权之令，来向刘备讨还荆州，结果被刘备、诸葛亮一通表演给骗了回去。周瑜见鲁肃又被诸葛亮调戏了，生发一计："子敬不必去见吴侯，再去荆州对刘备说：孙、刘两家，既结为亲，便是一家；若刘氏不忍去取西川,我东吴起兵去取……却把荆州交还东吴。"鲁肃还傻傻地不明就里:"西川迢递,取之非易。都督此计,莫非不可?"周瑜这时才说明真实意图:"我只以此为名,实欲去取荆州……东吴军马收川,路过荆州,就问他索要钱粮,刘备必然出城劳军。那时乘势杀之,夺取荆州。"此计之高在于,照常理推断,刘备听到孙吴愿以西川换荆州,必然十分高兴,也不会拒绝劳军、提供钱粮的要求。而以东吴所处地理位置而言,要取西川必须路过荆州。孙吴大军路过荆州时,正可趁劳军之机,擒杀刘备,袭取荆州。

只可惜,周瑜的对手是《三国演义》男一号、智慧的化身诸葛亮。鲁肃到荆州说明来意,诸葛亮满口应承。而鲁肃前脚刚走,诸葛亮后脚就对刘备说:"周瑜死日近矣!这等计策,小儿也瞒不过!""此乃假途灭虢之计也。虚名收川,实取荆州。等主公出城劳军,乘势拿下,杀入城来,攻其不备,出其不意也。"随后,诸葛亮安排赵云在荆州城上坐等周瑜。待周瑜率军抵达荆州城下,赵云当面说破周瑜计策,周瑜急退回时,探马来报:"关某从江陵杀来,张飞从秭归杀来,黄忠从公安杀来,魏延从孱陵小路杀来,四路正不知多少军马。喊声远近震动百余里,皆言要捉周瑜。"气得周瑜"马上大叫一声,箭疮复裂,坠于马下",最终气绝而死。

孔明三气周公瑾

强中自有强中手

示 敌 以 弱

除了被诸葛亮光速识破计策的周瑜,天下英雄的刘备也曾被技高一筹的对手打败过。夷陵之战中,屡战屡败的孙吴起用陆逊,意图挽救危局。陆逊上任后,下令诸将坚守,不得出战。求战不得的蜀汉苦于夏日炎热,刘备遂下令诸军移于山林茂盛之地,待过夏到秋,并力进兵。马良表示担心:"我军若动,倘吴兵骤至,如之奈何?"刘备胸有成竹地表示:"朕令吴班引万余弱兵,近吴寨平地屯住;朕亲选八千精兵,伏于山谷之中。若陆逊知朕移营,必乘势来击,却令吴班诈败;逊若追来,朕引兵突出,断其归路,小子可擒矣。"

刘备虽然并不以用兵见长,但毕竟征战半生,经验丰富。这里他所用的,是兵法中的"能而示之以不能",即示敌以弱,诱敌深入,再封堵退路,围而歼之。这一招并不深奥,却很好用。但只可惜,他的对手是"武庙六十四将"之一、用兵水平远在其之上的陆逊。看到刘备移营,孙吴诸将请愿击之,却被陆逊点破:"前面山谷中,隐隐有杀气起,其下必有伏兵,故于平地设此弱兵,以诱我耳。诸公切不可出。"诸将听了,都以为陆逊是怯战胆小。结果,三天后,陆逊会诸将于关上观望,见诱敌的吴班兵已退。陆逊对众将曰:"杀气起矣,刘备必从山谷中出也。"言未毕,只见"蜀兵皆全装惯束,拥先主而过"。至此,刘备的"能而示之以不能",不仅彻底破产,还被陆逊反将一军,一把火烧得损失惨重。

班 门 弄 斧

当然,说到"强中自有强中手",最有发言权的就是诸葛亮。自诸葛亮初出茅庐以来,周瑜、曹操、曹仁、曹真、司马懿,一个又一个实际用兵水平并不低的对手,统统被他打得找不着北。在诸葛亮六出祁山的过程中,有多个这样的案例。第九十八回中,诸葛亮二出祁山,和曹真相拒于洛口。曹真和属下计议破蜀之策。副将孙礼献计曰:"某去祁山虚装做运粮兵,车上尽装干柴茅草,以硫黄焰硝灌之,却教人虚报陇西运粮到。若蜀人无粮,必然来抢。待人其中,放火烧车,外以伏兵应之,可胜矣。"孙礼此计的核心在于,他知道蜀军长线作战,粮草难继。如果以粮草为饵,诱蜀军来抢,成功率会更高。

然而,孙礼料到蜀军缺粮,却没料到,他的对手是"平生专用火攻"的诸葛亮。此时,诸葛亮正在大营中,为魏军坚守不出,求战不得而忧心,忽然闻报:"陇西魏军运粮数千车于祁山之西,运粮官乃孙礼也。"诸葛亮毫不留情地当场说破:"此是魏将料吾乏粮,故用此计:车上装载者,必是茅草引火之物。"还顺带无情嘲讽,"吾平生专用火攻,彼乃欲以此计诱我耶?"随即一番吩咐,安排马岱去替孙礼放火。孙礼这一招自作聪明地班门弄斧,不仅没有诱到蜀兵,反而被诸葛亮将计就计,杀得"人马乱窜,死者无数"。

6

劝降的那些事

在《三国演义》中，前后有二十余股大小势力出现在汉末三国的大舞台上。在这许许多多的势力之间，先后发生过很多次一个势力中人物劝降另一个势力人物的情况。这样的劝降有的成功，有的失败。在这些结果各不相同的劝降中所表露出来的劝降手段，同样值得研究。

内 外 并 用

劝降一个人，有的时候不能光用语言，用点语言之外的手段，有时候会更有效。马超归蜀就是例子。马超被曹操打败后投奔张鲁。刘备攻打西川时，张鲁派遣马超相助刘璋。在和张飞大战了一场以后，刘备因为爱惜马超武艺，意图收降马超。诸葛亮遂献计，利用张鲁手下极为贪财的谋士杨松，向张鲁进谗言，让其命令马超撤兵，在马超不肯撤兵的时候又诬陷马超意图谋反，同时把住隘口，让马超在对张鲁愈加不满的同时又进退不得。到最后，才派李恢去说降马超。

李恢说降马超的说辞，精彩程度上虽然不及张辽劝服关羽，但一来一回，也颇有点战国名士之风。李恢见到马超，明明白白地表示"特来做说客"，表示我就是来游说你的，那些拐弯抹角的东西就都免了吧。然后面对马超咄咄逼人之"其言不通，便请试剑"，李恢巧妙地借马超的话往下说："但恐新磨之剑，不能试吾之头，将欲自试也！"借题发挥，把马超吓住，让马超不得不追问："吾有何祸？"李恢进一步分析："前不能救刘璋而退荆州之兵，后不能制杨松而见张鲁之面；目下四海难容，一身无主；若复有渭桥之败，冀城之失，何面目见天下之人乎？"这不仅点明马超目前的困境，而且借马超之前的两次失利来提醒马超，让马超明白自己眼下处境之危险，然后再为马超想好后路："刘皇叔礼贤下士，吾知其必成，故舍刘璋而归之。公之尊人，昔年曾与皇叔约共讨贼，公何不背暗投明，以图上报父仇，下立功名乎？"不仅用自己的亲身感受来劝说马超，还用马超的父亲马腾曾和刘备共受衣带诏，同约讨曹的事劝服马超，最终使得马超："即唤杨柏入，一剑斩之，将首级共恢一同上关来降玄德。"

事倍功半

话术、手段得当可以让劝降事半功倍。但如果在劝降的时候手段不当或话术不对，只能让劝降事倍功半。赤壁之战前，诸葛亮作为刘备的使者，成功促成孙刘同盟共抗曹操的形势之后，为共同谋划抗曹，暂时留在孙吴。周瑜因担心诸葛亮在刘备手下，日后会成为孙吴的大患，于是让诸葛瑾以兄长的身份去劝说诸葛亮背刘投吴。诸葛瑾欣然前往，见到诸葛亮后，诸葛瑾先用先贤来旁敲侧击："弟知伯夷、叔齐乎？"诸葛亮马上明白"此必周郎教来说我也"，于是先静观其变地回答："夷、齐古之圣贤也。"等到诸葛瑾吞吞吐吐地把话说了一半："夷、齐虽至饿死首阳山下，兄弟二人亦在一处。我今与你同胞共乳，乃各事其主，不能旦暮相聚。视夷、齐之为人，能无愧乎？"诸葛亮反将一军："兄所言者，情也；弟所守者，义也。弟与兄皆汉人。今刘皇叔乃汉室之胄，兄若能去东吴，而与弟同事刘皇叔，则上不愧为汉臣，而骨肉又得相聚，此情义两全之策也。不识兄意以为何如？"在这里，对比两个人的辞令话术，诸葛瑾劝说诸葛亮去刘归吴的原因，只有一个兄弟之间的骨肉亲情，而诸葛亮的说辞，在骨肉亲情之上又增添了一个汉臣之义。如果以旁观者的角度来看这两个人的说辞，显然是诸葛亮的说辞更有说服力。所以,诸葛瑾此次劝降,只能是落得个"遂无言回答,起身辞去"的结果。

就像上面诸葛瑾对诸葛亮的说辞一样,劝降的时候如果说辞不当,不仅无法成功,有的时候甚至会起到反效果。在关羽失荆州、走麦城后,孙权曾派诸葛瑾去劝降关羽。诸葛瑾在见到关羽后,上来第一句话就是:"自古道识时务者为俊杰。"就像笔者在前文张辽劝降关羽一段中提到的那样,关羽是义薄云天、一等一的大英雄,而要劝服英雄,用"识时务者为俊杰"这样的话是行不通的。诸葛瑾之后的"将军何不从瑾之言,归顺吴侯,复镇荆襄,可以保全家眷。幸君侯熟思之"等说辞,都只是在告诉关羽,你现在身处绝地,不投降就死,投降了才能保全性命,身家无恙。这样的说法,对于关羽这样视忠义高于生命的人物而言,只会起到反效果。关羽在听了诸葛瑾这一番说辞后,当场义正词严地表示:"吾乃解良一武夫,蒙吾主以手足相待,安肯背义投敌国乎?"

到这里,这次劝降可以说已经失败了。诸葛瑾却还不放弃:"吴侯欲与君侯结秦晋之好,同力破曹,共扶汉室,别无他意。君侯何执迷如是?"诸葛瑾这样毫无意义的劝降,不仅让关羽很不满,连关平都看不下去了,"言未毕,关平拔剑而前,欲斩诸葛瑾"。若非关羽挡住,诸葛瑾这一趟劝降,不仅无法成功,连命都差点保不住。这样的结果,和诸葛瑾说辞不当不无关系。

7 古同今异话跳槽

汉末三国时代有近二十股势力，时不时会碰到有能耐的人才从一股势力跳槽到另一股势力的例子。比较有名的像吕布归顺董卓、太史慈归顺孙策、甘宁归顺孙权、姜维归顺诸葛亮、张辽归顺曹操等。分析一下，主要可以分为下面这么几类。

首先是惺惺相惜型。这一类的主要表现是两方之间本来就没什么恩怨，然后经过一场恶斗，或是一场舌战，双方产生了互敬之情。然后其中一方略施小计，另外一方便归顺。这种的典型例子就是前面提到的太史慈归顺孙策。在第十五回中，还在刘繇麾下的太史慈与攻打刘繇的孙策两人之间展开了一场酣畅淋漓的激战。在这一战之后不久，太史慈便被孙策设计擒获，随即降服。

第二种则是原来有主的武将在旧主手下不得志，或是被怀疑、猜忌，被另外一方抓住机会，成功挖墙脚。这种类型例子很多，最著名的应该就是甘宁归顺孙权。当时是甘宁在黄祖手下虽然屡立战功，但总是不受重用，甚至还被黄祖称为"截江贼"。然后在苏飞和吕蒙的引荐下，投顺孙权，并为孙吴立下赫赫战功。

第三种是原来武将对君主就不是很忠诚，然后被另一方诱以利禄，成功策反。这种类型最著名的就是吕布归顺董卓。当时吕布投身丁原并认丁原为义父，用小说中他自己的话来说，本就是"出于无奈"，然后被李肃用董卓的赤兔马，再加上金珠玉带爵位利禄加以诱惑，成功使得吕布叛杀丁原，投顺董卓。

还有就是知遇之恩型。这类很特殊，就是武将对原主不是特别忠诚，然后在与另一方的交战中其才华为另一方所欣赏，随后用计得以收归。之所以说这个类型很特殊，是因为这个类型就我看来只有一个例子，那就是姜维归顺诸葛亮。诸葛亮在第一次北伐，攻打西凉三郡的时候，计策曾一度被姜维识破。马上，姜维的智勇双全就被诸葛亮看中，用了一系列计策降服了姜维。在得到姜维后，诸葛亮马上就说："吾曾遍寻一人，愿将吾平生所学尽授予之。今得姜维，吾愿足矣。"

最后一种，则是某个武将在对另外一方的作战中被俘，然后被君主或是主将亲自劝降。这个类型中，比较典型的有张辽归顺曹操。张辽原本是吕布麾下的一员战将，在吕布被曹操打败后,张辽被俘,然后被曹操收降,随后为曹魏立下了赫赫战功。除此之外,还有严颜归顺刘备、庞德归顺曹操等。

上面讲到的是人才从一个君主变节到另外一个君主那里。还有是原来没有君主的人才加入某个君主麾下。这种例子更多。诸葛亮不说,还有像赵云、张昭、张弘、鲁肃、典韦等。这一大类下面又可以分为几个小类,主要有以下两种。

首先是有大才而隐居乡间,名为避乱,实则希望有眼光的君主能发现自己。这个小类最著名也最典型的就是诸葛亮。虽然他在《出师表》里说"苟全性命于乱世,不求闻达于诸侯",但是以他"自比管仲、乐毅"的自信,肯定不只是"苟全性命于乱世"这么简单。还有就是后来成为孙吴栋梁的,被称为"有经天纬地之才"的张昭、张纮,也是隐居乡间,在受到孙策"亲到其家,与语大悦,力聘之"的邀请后出山,为孙吴政权的扩张和发展立下了汗马功劳。

另外就是人物自身漂泊世间且有大用,渴望能找到值得侍奉的明主侍奉一生,而在找到以后死心塌地,至死不改。这个类型的例子比较少,比较典型的就是赵云。他先是在公孙瓒麾下,公孙瓒兵败身死后又投身袁绍,然后觉得袁绍并非明主而主动离开。在遇到刘备后,终于死心塌地地跟随刘备,忠诚至死不渝。

由此种种跳槽,我们似乎可以看出那时的人对"忠诚"的概念好像非常淡薄,其实不然。因为背叛和跳槽这样看似简单的行为背后,是有复杂的推动因素的。否则,汉末三国时代,背主跳槽,改换门庭的人多如牛毛数不胜数,为什么只有极少的一部分人招致了洗不去的骂名呢?

首先,东汉末年,群雄割据,诸侯并起。东汉王朝早已名存实亡。在那时,上自诸侯公卿,下至平民百姓,对国家的概念已然十分淡漠,所谓的忠诚更多的是忠君。再加上汉末最多时曾一度出现十几路豪强同时并起,所以一个武将背叛一方诸侯,对个人名声的影响非常有限。加之当时群雄割据,所谓乱世出英雄,很多有才之人都希望能找到明主以充分发挥自己的才能。所以当时即使是节操高的武将在被俘后说的也都是"忠臣不事二主"。但到了三国鼎立格局正式形成之后,由于三个国家地盘不可和之前的地方豪强相提并论,而且其君主都是以皇帝自居,所以到了这时再有背叛一类就会招致比较大的骂名。比如孟达、糜芳、夏侯霸等。

其次,同样是背叛和跳槽,根据背叛对象的不同,后世对人物的评价也会有很大的差异。同样是换主跳槽,马超背离张鲁投顺刘备,就被后世不吝称赞。孟达背蜀投魏,就招致了洗不去的骂名。如此种种,可以得出这样一个结论：如果背叛的是无能的昏君或奸诈的小人，这样的背叛不仅不会招致骂名，还会引来赞许。相反，如果背叛的是有为的明主或仁爱的贤君，一准被后人骂惨。

最后，在那个时代，有为数不少改换门庭的人物，在原来的主公手下就得不到重用，甚至还屡遭猜忌。这种情况下，有为的人才对这种主公自然不会死心塌地、忠心耿耿，若有跳槽到更开明的主公那里的机会，当然就会第一时间把握住。这种类型中，除了上文提到过的甘宁外，还有原来是袁绍手下名将的张郃。张郃在袁绍麾下时虽然屡立战功，但始终受到袁绍的猜忌。官渡之战时，乌巢粮草被烧后，因为郭图的谗言，袁绍准备问罪张郃、高览，逼得二人不得不改换门庭，率领所部军队投奔曹操。在投奔曹操后，张郃作为五子良将之一征四方，破马超，败马谡，成为在曹魏历经曹操、曹丕和曹睿三代君主的功勋名将。

由上种种，不难看出，即使是在忠诚观念比现代重得多的古代，背主跳槽，改换门庭也要分情况而论，不能一棍子打死。真正会用人，敢用人，能用人的主公，自然是会吸引各路英才广而投之的。

8

继承人问题

继承人问题,一直是现代社会的常见新闻。不管是富商巨贾还是平民百姓,只要家里稍微有点资产,在临终的时候就会在如何处理遗产这个问题上斟酌一番。如果这些有资产的人恰好又有不止一个后代,那么这些后代就很容易因为遗产分配问题而反目成仇。现代社会尚且如此,那么,在遗产可能包含一方政权的统治权的古代社会,因为继承人问题引发的争斗就更多了。在《三国演义》中,也有一些继承人问题值得关注。

慧 眼 识 才

提到三国中的继承人问题,有一对不能不提的,就是孙策和孙权兄弟。孙策虽然英勇神武,在极短的时间里横扫江东,但是不幸遇刺,英年早逝。临终的时候,特别嘱托孙权继承他的基业。就表面上看，孙策将江东托付给孙权的行为是很冒险的。因为孙策死的时候，孙权只有十八岁，只是小小的阳羡（今江苏宜兴）县长，并没有显示出能够治理一国的大才大能。更何况，孙策当时是有自己的亲生儿子的，而且，当时孙策的叔父，孙坚的弟弟孙静也在军中。无论是按照嫡庶之分还是按照能力阅历，孙权都不是第一顺位的继承人。孙策之所以会把江东托付给孙权，其关键还是在于孙策托孤时对孙权说的话："若举江东之众，决机于两阵之间，与天下争冲，卿不如我；举贤任能，使各尽力，以保江东，我不如卿。"

虽然史书和演义里都没有明说，但是至少从这句话中，我们能看出，孙策对自己和对孙权的能力，都有十分清楚的认识。在起兵打天下的时候，更需要像孙策这样能冲锋陷阵、统率大军、短时间内决胜负的统帅。到了要守天下的时候，就更需要像孙权这样能举贤任能、收拢人心、使臣子心服于自己的帝王。孙策正是在孙权身上看到了远胜于自己的"举贤任能，使各尽力"的能力，才力排众议指定孙权为自己的继承人。联系到之后孙权收鲁肃、委周瑜、用陆逊、调和凌统甘宁矛盾的举动，以及几次带兵打仗的糟糕战果，孙策对他弟弟的能力可谓是知根知底。

手足博弈

同样是继承人问题，曾对孙权大加赞赏的曹操，也曾长时间犹豫不决。建安十七年，汉献帝准许曹操"参会导致拜不名，剑履上殿"，隔年，又被汉献帝封为魏公，加九锡，建魏国。随着曹操代汉自立的野心一步步暴露和膨胀，对继承人的选择也渐渐提上了日程。在曹操诸子中，先后可以成为嗣子候选人的共有四位：曹昂、曹冲、曹丕和曹植。曹昂早年战死，曹冲幼年病死。最后实际上的嗣子之争在曹丕和曹植之间展开。因为曹操自己在立嗣问题上长期狐疑不决，也对下属产生了影响。在大臣之间，逐渐形成了以贾诩、陈群、司马懿为首的曹丕党，以杨修、贾逵、丁仪为首的曹植党。两党造舆论，用计谋，你来我往，尔虞我诈，互不相让。其中，曹植因为文采出众，一度占优。但最终因为行为任性，不注意节制，最终失去曹操的信任。最终，在建安二十二年，曹丕被立为魏王世子，也就是曹操指定的接班人。

曹丕虽然最终被选定为嗣子，但是他和曹植的嗣子之争的影响却并未结束。在曹丕成为嗣子以及称帝篡汉后，对当初支持过曹植的大臣，大多予以打压。对以曹植为代表的诸多兄弟,也严加控制,这就使得曹氏宗族的力量日渐衰落,以至于司马懿发动高平陵事变、诛杀曹爽夺权的时候,曹氏宗族中,竟无一人能起兵勤王,间接加速了司马氏对曹氏江山的蚕食过程。

孙策慧眼识人换来了孙吴的长治久安。曹丕在嗣子之争及其后的种种行为则让我们感叹"无情最是帝王家"。不管这些人的选择如何,继承人问题始终都是人类不分种族,不分年代,而且似乎永远也不会有最优解的,可谓是永恒的难题。

9 故事背后
——华容道与空城计

华容道与空城计,历来都是《三国演义》中的经典情节之一,分别体现了《三国演义》中着力塑造的"义绝"关羽义重如山的品格和"智绝"诸葛亮超人一等的智慧。关羽在华容道面对兵败势危的曹操,违令而放之。诸葛亮在西城面对司马懿的十五万大军,临危不乱,大开城门,故作疑兵,反把司马懿吓走。关羽和诸葛亮在这两个情节中的表现,历来为人们所津津乐道。但是,很多人不知道的是,在华容道关羽放走曹操,和空城计司马懿放走诸葛亮这两个举动背后,是有深层的政治原因的。

首先是华容道。在诸葛亮调兵遣将,准备对在赤壁败退的曹兵予以追击的时候,先派赵云,再派张飞,然后调遣糜竺、刘封,最后调遣刘琦,就是对关羽不理不睬。关羽忍不住了:"今日逢大敌,军师却不委用,此是何意?"

诸葛亮故作腔调地表示："昔日曹操待足下甚厚,足下当有以报之。今日操兵败,必走华容道;若令足下去时,必然放他过去。因此不敢教去。"关羽义正词严地表示："今日撞见,岂肯放过!"还信誓旦旦地立了军令状。而且,对关羽非常了解的刘备也表示："吾弟义气深重,若曹操果然投华容道去时,只恐端的放了。"诸葛亮这才把话说透："亮夜观天象,操贼未合身亡。留这人情,教云长做了,亦是美事。"事情的发展,正如我们都知道的,和诸葛亮预料的一样,关羽在华容道,因五关六将之事,以及暂投曹操麾下时曹操的种种恩义,毅然放走了曹操。

  小说在这里,把放走曹操的理由很简单也很玄幻地归结到了"夜观天象,未合身亡"上。但其实,就算没有"夜观天象"这样玄乎的理由,按照当时的形势而言,刘备也必须放走曹操。因为,当时曹操代汉自立的野心尚未完全暴露。曹操麾下谋士中,也有以荀彧、荀攸为代表的一批拥护汉室的臣子。如果这个时候曹操死了,这些拥护汉室的臣子极有可能会趁机发动政变夺权,随之而来的就是北方政局的动荡,刚刚稍有恢复的民生经济会再次遭到破坏。而且,曹操尚未封魏公、魏王,继承人的选择尚不明朗。如果这个时候曹操死了,那么曹操的几个有能力的儿子,包括能力最强的曹丕,志存高远的曹植,常年统兵的曹彰,有极大可能会因为争夺继承人之位而互相攻伐,这样不仅会搅得北方大乱，还会使得北方曹魏政权对南方的孙权和刘备不再具有一定要两家联盟才能对抗的威胁。在这种情况下，孙权基本上肯定会掉过头来，在刘备实力还不强的时候攻击刘备。这样的话，刘备就会在实力尚未发展壮大的情况下就面临被消灭的危险。在当时那种情况下，刘备只有放走曹操，让北方政权保持稳定，孙权才会因为曹操的威胁而不敢轻易和刘备撕破脸，刘备才有站稳荆州，进取蜀地的机会。所以，在华容道的时候，表面上是因为关羽义重如山，放走了曹操，实际上，更多的是因为诸葛亮明白当时的天下局势，刻意借关羽的手放走曹操。

和华容道类似的，还有空城计。诸葛亮第一次北伐的时候，因为马谡一意孤行丢失街亭，使得诸葛亮不得不退兵。在退兵之前，先后安排关兴、张苞、马岱以及姜维等人准备退路。吩咐完之后，又带五千兵去西城县搬运粮草，忽然得知司马懿正率十五万大军杀奔西城而来。诸葛亮并不惊慌，淡定地吩咐道："将旌旗尽皆隐匿……大开四门，每一门用二十军士，扮作百姓，洒扫街道。"并带着两个小童，登上城楼，焚香弹琴。司马懿在看到这一幕后，下令前军做后军，后军做前军，退兵而去。面对司马昭的质疑，司马懿表示："亮平生谨慎，不曾弄险。今大开城门，必有埋伏。我兵若进，中其计也。汝辈岂知？宜速退。"司马懿因为知道诸葛亮平生一直十分谨慎，不会出险招，这次看到诸葛亮面临大军还如此淡定,所以认为诸葛亮一定是设有伏兵,才会面对十五万大军仍然镇定自若。诸葛亮就利用了司马懿对自己的这种信任反其道而行之,吓走了司马懿。

空城计发生的时代已经过去了一千八百年,现在人们但凡谈论这个故事,大多总会赞叹诸葛亮的镇定自若和超凡智慧。但实际上,司马懿见到空城,退兵而走,背后是有深层的政治因素的。因为,以司马懿的水平而言,他有很大概率明白,蜀汉政权的军事和内政尤其是军事,可以依仗的只有诸葛亮一人。如果这次司马懿真的攻下西城,擒获诸葛亮,那么以当时的形势而言,曹魏顺势发兵,攻灭蜀国是很自然的事。司马懿这个时候虽然是曹魏的骠骑大将军、平西都督,但是魏明帝曹睿对司马懿并不完全信任和放心,曹魏的文臣武将中,也有相当数量的人是绝对忠诚于曹魏皇帝的。这个时候,如果蜀汉的外患不复存在,曹睿极有可能掉过头来铲除司马懿这个"必预汝家事"的野心勃勃权臣。所以,当时司马懿可能也并不想在地位并不稳固、势力并不强大的情况下就消灭蜀国。这种情况下,他就需要一个能圆得过去、让其他人能相信的、不马上擒获诸葛亮的理由。所以,不管司马懿有没有看穿空城计,诸葛亮的空城计,都给了司马懿一个不擒获诸葛亮的理由,使得司马懿能名正言顺地放过诸葛亮。

刘备因为有曹操这个对手才能避免和孙权过早撕破脸,

司马懿因为有了诸葛亮这个对手才有继续在曹魏扩大势力，稳固地位的时间。很多时候，正是因为有一个强有力的对手，那些才高震主的人，才能有生存的空间。

孔明弹琴退仲达

10
舌战群儒

论辩是口才、反应能力的综合体现。你来我往,互不相让的论辩,是智慧的碰撞,口才的交锋。《三国演义》舌战群儒中就有多次这样精彩的论辩。

先 声 夺 人

首先一上来,便是张昭向诸葛亮发难。和后面一干孙吴谋士水平越来越低的发问相比,张昭对诸葛亮的发难表面上听起来不无道理。他的观点是"且刘豫州未得先生之前,尚且纵横寰宇,割据城池……是豫州既得先生之后,反不如其初也"。他抓住了这样一个事实:刘备在得到诸葛亮之前,尚且战吕布,破袁术,在中原地区的群雄争霸中占有一席之地;在得到诸葛亮之后,面对曹操大军,反而退樊城,败当阳,走夏口,在曹操的追击下南退三百余里。言下之意还有,如果你诸葛亮真的像自认为的那样有管乐之才,为什么刘备在得到你了以后,境遇和情况,反而还不如没得到你的时候呢?

诸葛亮针锋相对地回答:"譬如人染沉疴,当先用糜粥以饮之,和药以服之;待其腑脏调和,形体渐安,然后用肉食以补之,猛药以治之:则病根尽去,人得全生也……吾主刘豫州向日军败于汝南……此正如病势尪羸已极之时也,新野山僻小县……岂真将坐守于此耶?"也就是:刘备在兵败汝南后,投奔刘表,麾下最多时不过两三千人,而且新野人稀粮少,难以固守。在这种情况下,首先要做的应是招兵买马,扩张地盘,也就是诸葛亮所说的"用糜粥以饮之,和药以服之",等到"腑脏调和,形体渐安",也就是地盘、兵力、实力足够强大了以后,再"用肉食以补之,猛药以治之",也就是讨伐曹操,兴复汉室。如果实力还很弱小的时候就着急地想着攻伐曹操,只能是以卵击石,自取灭亡。

张昭虽然被驳倒了,但是他对诸葛亮的发难尚算是有一定道理。之后的一干孙吴谋士,问难的水平则一个比一个差。

再 低 一 着

在张昭之后紧接着向诸葛亮发难的是虞翻,他的问难水平就明显比张昭低了一着。张昭虽然对诸葛亮发难,至少基本立场上还是"曹氏即灭"。而虞翻上来就"今曹公兵屯百万,将列千员,龙骧虎视,平吞江夏,公以为何如"?公然夸赞曹军的强大,比张昭首先就低了三分。在诸葛亮从容地说出"不足惧也"后,又当面嘲笑"区区求救于人,而犹言不惧,此真大言欺人也"!结果,被诸葛亮当场打脸:"……江东兵精粮足,且有长江之险,犹欲使其主屈膝降贼,不顾天下耻笑。由此论之,刘豫州真不惧操贼者矣!"意思很明显:刘备在兵少粮稀,无险可守,狼狈败退的情况下,仍然从未言降,而江东地广人稠,兵精粮足,又有长江天险,却仍然主张投降曹操,到底是谁怕曹操,不言自明。

在虞翻之后发难的是步骘。他的发问避重就轻,转换话题,更低一着:"孔明欲效仪、秦之舌,游说东吴耶?"这个质问不仅从水平上看只能算是马马虎虎,而且转换话题,比虞翻又低一着。诸葛亮听后,马上指出步骘对苏秦、张仪不甚了解:"步子山以苏秦、张仪为辩士,不知苏秦、张仪亦豪杰也。"然后话锋一转,直斥步骘远不如二位先人,根本没资格嘲笑:"君等闻曹操虚发诈伪之词,便畏惧请降,敢笑苏秦、张仪乎?"

颠倒黑白

虞翻夸赞曹操的强大,多少还因为事实的确如此。在步骘之后发言的薛琮，竟直接为曹操"汉贼"的身份洗白："汉传世至今，天数将终。今曹公已有天下三分之二，人皆归心。"全然不顾曹操种种欺君罔上的行为。如果说虞翻畏惧曹操的强大勉强还可以理解，那么薛琮辩解曹操不是汉贼，就变成是非不分了。对这样颠倒黑白的论断，诸葛亮毫不留情地驳斥："薛敬文安得出此无父无君之言乎！……今曹操祖宗叨食汉禄，不思报效，反怀篡逆之心，天下之所共愤；公乃以天数归之，真无父无君之人也！不足与语！请勿复言！"

薛琮的言论已经很不分是非了，而在薛琮之后向诸葛亮发难的陆绩，不仅不分是非，还很无礼。不仅偏袒曹操，还直接当着诸葛亮的面贬低刘备："曹操虽挟天子以令诸侯，犹是相国曹参之后。刘豫州虽云中山靖王苗裔，却无可稽考，眼见只是织席贩屦之夫耳，何足与曹操抗衡哉！"在古代，对臣骂主是很无礼的行为。更何况，刘备的"皇叔"身份，是汉献帝明明白白按照族谱给定的。可以说，陆绩颠倒黑白的程度比薛琮尤甚。诸葛亮也毫不客气地反驳："……刘豫州堂堂帝胄，当今皇帝，按谱赐爵，何云无可稽考？"然后又退一步说，"且高祖起身亭长，而终有天下；织席贩屦，又何足为辱乎？"表示我家主公帝室之胄的身份是当今天子按谱赐爵，官方认证的"皇叔"，干脆利索地用事实打脸陆绩，然后又很巧妙地退一步说，汉高祖刘邦起事之前也不过是一个小小的亭长，仍能开创汉朝四百年基业，那么就算刘备是织席贩履，又凭什么不能干出一番事业呢？

没 话 找 话

以上虞翻、薛琮、陆绩等人的发难，虽然水平一个不如一个，但至少都还是就对曹操的态度这个问题上你来我往。而在陆绩之后发言的严畯却转换话题，而且没话找话，水平在已经很低的前几人的基础上显得越发低劣："孔明所言，皆强词夺理，均非正论，不必再言。且请问孔明治何经典？"问得无关紧要，水平更加不济。诸葛亮先毫不客气地指斥严畯："寻章摘句，世之腐儒也，何能兴邦立事？"然后借先贤以讽今人："……渭子牙、张良、陈平之流。邓禹、耿弇之辈，皆有匡扶宇宙之才，未审其生平治何经典。"最后又讽刺严畯只会舞文弄墨而没有真才实学："岂亦效书生，区区于笔砚之间，数黑论黄，舞文弄墨而已乎？"

严畯转换话题，没话找话，水平已经很低劣了。而在严畯之后的程德枢，找不出新话题，接着严畯的话往下问，水平更低一着："公好为大言，未必真有实学，恐适为儒者所笑耳。"诸葛亮则先论明儒者也有高下之分："儒有君子小人之也别。君子之儒，忠君爱国，守正恶邪，务使泽及当时，名留后世。若夫小人之儒，惟务雕虫，专工翰墨，青春作赋，皓首穷经；笔下虽有千言，胸中实无一策。"然后又借扬雄屈侍王莽，暗讽孙吴投降派是小人之儒，"且如扬雄以文章名世，而屈身事莽，不免投阁而死，此所谓小人之儒也；虽日赋万言，亦何取哉！"

11 三国内讧记略

一度把地中海变成内湖的罗马帝国，最终因严重的内讧分裂为东西两国。大唐王朝开元盛世何等强大，最终亡于无止境的藩镇割据和党争内斗。大明盛世万国来朝，最终死于此起彼伏的农民起义。纵观中外历史，真正意义上亡于内讧的王朝政权其实远远多于亡于外敌的政权。作为历史小说《三国演义》，其中不乏此类故事及描述。

勾心斗角

说到亡于内讧的政权，第一个不能不提的就是割据河北的袁绍。第二十二回中，袁绍应刘备的请求，准备起兵伐曹。这时，袁绍麾下的几位谋臣中，田丰、沮授力主不战，郭图、审配力主交战，四人争得不可开交。踌躇未决的袁绍，最终在另两位谋士许攸、荀谌的力谏下，决定起兵伐曹。结果，在同一回中，袁绍和曹操相拒于官渡，却因为"许攸不乐审配领兵，沮授又恨绍不用其谋，各不相和，不图进取"。

已初见端倪的内讧，在其后的官渡之战中愈演愈烈。第二十五回中，刘备被曹操打败，孤身投奔袁绍，并力劝袁绍伐曹。袁绍在刘备的鼓动下，决定起兵。此时，之前谏袁绍勿战的田丰站出来，再次力劝袁绍固守，却惹得袁绍大怒，几欲斩之，在群臣力劝下，才囚于狱中。第二十九回中，在白马一役中吃了亏的袁绍，起大兵往官渡进发。仍在狱中的田丰上书劝谏，却被同为谋士的逢纪献谗言诋毁，差点又被斩。

行到官渡，沮授进劝袁绍缓战以胜，结果这一正确建议不仅未被采纳，还惹得沮授也被囚在狱中。在同一回中，曹操因军粮告急，发使催促在许昌大本营的荀彧速速督办粮草，结果使者被许攸拿住，献给袁绍并进劝袁绍分兵急袭许昌。袁绍正在犹豫不决之时，却收到在河北大本营督办粮草的审配来信，说许攸在冀州的时候曾滥受民间财物。袁绍因此大怒，无端怀疑许攸是曹操的奸细而赶出，逼得许攸转投曹操。

之后的事便是众所周知的，曹操采纳许攸建议，轻骑径袭乌巢。闻知乌巢有失的袁绍，却分兵两路，同时救乌巢、劫曹营。结果，救乌巢的兵被曹操杀得一干二净，劫曹营的兵又被早有准备的曹军杀得大败。已经是万分危急的时候，力劝袁绍分兵的郭图又诬陷去劫曹营的张郃、高览，逼得二人不得不领本部兵马，投顺曹操。已是毫无战意的袁军，被曹操用谣言分兵，杀得一败涂地。至此，原本强大一时的袁绍，因为一而再再而三的君臣内耗，最终输得一败涂地。

内 斗 不 止

袁绍因为自己的外宽内忌间接引得原本家大业大的势力分崩离析。各方面实力都远在袁绍之上的孙权，也因为无可避免的继承人问题而开启了孙吴持续十余年的内斗历程。第九十八回中，孙权正式称帝，建立吴国，立长子孙登为太子。在孙登早夭后，又立三子孙和为太子，随即引发了太子孙和五子鲁王孙霸因储君问题而生发的两宫之争。经历多年争斗，孙权认为两宫内斗已经让孙吴朝堂出现了裂痕，如果再让二人即位，会造成朝廷更加不安，引发进一步内斗，于是废太子孙和，赐死鲁王孙霸，改立幼子孙亮为太子。

这场争斗，最终以两败俱伤，孙权赐死亲子的悲惨结局收场。第一百零八回中，孙权病逝，临终指定太傅诸葛恪辅佐太子孙亮即位。专擅曹魏朝政的司马师听知孙权病逝，起三十万大军乘丧伐吴，却被诸葛恪在老将丁奉的辅佐下杀得大败。立下大功的诸葛恪因此膨胀，想反过来乘势伐魏，又反过来被杀得大败。兵败回朝的诸葛恪惶恐之至，不仅称病不朝，还"求众官将过失，轻则发遣边方，重则斩首示众"，又令心腹爪牙充任御林军。专权震主的诸葛恪，最终被孙亮伙同孙姓宗室、孙权的侄孙孙峻连同合户老小一同诛杀。

孙峻诛杀诸葛恪，立下清君侧之功，但不久之后就病亡。孙峻从弟孙綝辅政，却又渐渐专权，擅杀大臣。吴主孙亮见孙綝专权，心中不快，意欲图之，却因做事不密，被孙綝先发制人而废除，改立孙权第六子、琅琊王孙休为帝。在擅行废立后，孙綝愈发骄横，先是令家中一门五侯掌控禁军，随后又调兵在外，并搬光武库兵器。如此猖狂的孙綝让孙休愈加不满。最终，骄横一时的孙綝，被孙休联合老将丁奉诛杀。这样，孙吴在短短的十余年之中，先后经历了两宫之争、诸葛恪专权、孙綝专权三次影响较大的政坛动荡。这三次动荡，给本就暗流涌动的孙吴朝堂更增添了敌对和分裂的因素，也间接地加速了孙吴的灭亡。

除了这两个突出案例外，蜀汉后期姜维、夏侯霸等为首的进取派和费祎、谯周等为首的保守派在北伐问题上的争斗。曹操的几个儿子，主要是曹丕曹植兄弟在继承人上的争斗，也是因内斗损耗实力，导致势力衰败的典型案例。

孙峻诛杀诸葛恪

如此种种，不免让我们感慨，祸起萧墙破金汤。无论是"不乐审配领兵"的许攸，为了储君之位你来我往的孙和孙霸，还是为了不肯认错而擅杀大臣的诸葛恪，都是为了兵权、皇位、个人颜面这样眼前的、个人的利益，而有意无意的忽略了更大、更长远的利益。

12 诸葛家的兴亡

——命运与因果

三国时期,不乏显赫一时的大姓。比如以曹操为代表的曹姓,除吕布,败袁绍,统一北方,建立了三国时期地盘最大的割据政权。以孙策、孙权为代表的孙姓,平定江东,割据一方,建立了在三国时期存在最久的孙吴政权。然而,有这么一个姓,在百家姓上最高的时候也在四百名以外,但是在三国时期,该姓的同一个家族,在魏蜀吴三方势力中,均有族系官居高位,其中在蜀汉甚至做到一人之下,万人之上,一言九鼎的丞相,这个姓,就是诸葛姓。

诸葛姓在三国时代,虽然有记载的只有诸葛亮、诸葛瑾、诸葛均以及诸葛诞四人,但是这四人在各自势力中都官至高位。"官封到武乡侯执掌帅印"、官至丞相、益州牧的诸葛亮自不必说,诸葛瑾在孙吴虽略低于诸葛亮,但是也做到大将军,领豫州牧。诸葛诞在曹魏,也因为讨伐毌丘俭和文钦的功绩，获封高平侯，官至征东大将军。哪怕是官位最低的诸葛均，也在蜀汉做到了并不算低的长水校尉。然而，就是这样分事三国，官居高位，显赫一时的诸葛家族，到了三国末期，最终，诸葛诞一系客居东吴。诸葛瑾一系仅留存二子诸葛乔的孙子诸葛显。诸葛亮载于正史且留存下来的后代只有诸葛瞻的次子诸葛京。

如此显赫一时的家族，为什么最终结局如此凄惨呢？我们先来看看诸葛亮这一系的历程。在受刘备三顾邀请出山之前，诸葛亮于建安二年在隆中隐居，直到受刘备邀请而出山。之后因为许久没有子嗣，因而收养兄长诸葛瑾的儿子诸葛乔作为养子。之后，就像大家都知道的，诸葛亮一直都在为了"誓将雄略酬三顾"，为了《隆中对》的伟大理想而努力。但是，正如前文所说，《隆中对》是一份自身存在不可调和的致命漏洞的战略规划。不幸的是，诸葛亮把对刘备、对蜀汉、对《隆中对》的这份可悲的执着传到了下一代，也就是他的儿子诸葛瞻身上。在邓艾大军伐蜀的时候，诸葛瞻面对邓艾大军，和其子诸葛尚一起，不敌而死。诸葛瞻的次子诸葛京因为年幼幸免于难，最终在西晋出仕，最终官至江州刺史，不复荣耀。

诸葛亮一族虽然不复荣耀，但最终仅存的后代还做到了相当于现在的县市长的州刺史。而诸葛亮的哥哥——诸葛瑾这一系，不仅最荣耀的时候，诸葛瑾大将军、豫州牧的官职地位不及诸葛亮之丞相、武乡侯,而且诸葛瑾这一系最终的结局也比诸葛亮这一系更加凄惨。诸葛瑾在建安五年出仕孙吴后,凭借直言敢谏又善于揣摩孙权心理的过人本领,逐步取得孙权信任,成为在孙权周围核心圈的谋士。他的二儿子诸葛乔在年轻的时候,因为诸葛亮没有后嗣,过继给诸葛亮作为儿子。大儿子诸葛恪,年幼时便以才思机敏著称,年轻的时候就取得了孙权的赏识和依仗。孙权病危时,下诏指定诸葛恪为辅政大臣。诸葛恪不负众望,随即就在东兴之战中大败来犯的魏军,并以此功绩加封为阳都侯、丞相、领荆州、扬州牧。然而,正是因为此次大捷,诸葛恪产生了轻敌之心,随后不顾反对,征发二十万人伐魏,却惨遭失败。在伐魏不成后不久,被孙帝孙亮和另外一位权臣孙峻设计诛杀,而且被诛灭三族。诸葛瑾的血脉中,诸葛恪这一系至此彻底断绝。诸葛瑾血缘上的儿子诸葛乔在蜀汉早逝后,其子诸葛攀因为诸葛恪这一系断绝,再加上诸葛亮后来有了亲生儿子诸葛瞻,才得以回作诸葛瑾的后人。

诸葛亮和诸葛瑾的血脉都不复荣耀。他们的堂兄弟诸葛诞就更为悲剧。诸葛诞早年以尚书郎出仕,历任吏部郎、御史中丞,在司马懿讨平王凌叛乱后被任命为镇东将军、封山阳亭侯。之后因好友夏侯玄等人先后被诛杀,并不满司马氏专权,遂在寿春举兵叛乱,并以儿子诸葛靓为人质,换取孙吴出兵支援。也许让他没想到的是,正是他以儿子为人质的这一举动,才保住了他的血脉。因为在他起兵叛乱后不到一年,就被司马昭打败,不仅自己被杀,还被诛灭三族。他的儿子诸葛靓,因在东吴为质,才最终保存了下来。

诸葛亮、诸葛瑾和诸葛诞三人,同属一族,分事三国,且都官居高位,不能不说是荣耀至极。但就是这样荣耀至极的家族,最终却趋于没落,走向平庸,其背后的原因值得深思。诸葛亮因为"誓将雄略酬三顾",终其一生都在为一份注定要失败的战略规划努力。可以说,是他错误的执念,最终使得诸葛亮这一族系走向没落。诸葛瑾这一系,则是因为诸葛恪德不配位,不仅才不能及,力不能致,进取中原失败后还不肯认错,专权高压。诸葛诞虽然对曹魏忠心耿耿,但是他不仅起事仓促,而且刚愎自用,无谋好杀,失败与没落也是注定的。

《世说新语》曰:"诸葛瑾弟亮,及从弟诞,并有盛名,各在一国。於时以为'蜀得其龙,吴得其虎,魏得其狗'。"诸葛亮是龙,龙为上品,诸葛瑾为虎,虎为中品,诸葛诞为狗,狗为下品。不管是上品中品还是下品,诸葛家族因为性格上的缺陷从显耀一时走向最终的没落,都值得唏嘘,更值得思考。

三国小百科 四

1 《三国演义》的不同版本

看到这个标题，也许有人会觉得奇怪，《三国演义》又不是需要不断升级的游戏，怎么还会有不同的版本？其实，不光是《三国演义》，古代的绝大多数长篇小说，无论年代远近，成就高低，在流传延续的过程中都会诞生数量不一、体例有别的不同版本。那《三国演义》有哪些不同的版本？

版 本 由 来

在进入主题之前我先问大家一个问题：你们看过最初的《三国演义》吗？对这个问题，我可以很负责任地告诉你：当今世上，没有一个人看到过罗贯中最初写出来的《三国演义》是什么样子的。虽然罗贯中最终完成《三国演义》的初稿是在元末明初，也就是1365年前后，但是现存已知最早的《三国演义》版本，已经是一百五十多年后，嘉靖元年（1522）的版本了。

之所以会有这种情况，是因为，一方面，虽然比旧的雕版印刷方便得多的活字印刷术在宋代就被发明出来了，但是在元明时代，雕版印刷和手抄仍然是较为普遍的书籍传播方式。而且，在户籍制度远没有现在发达和健全的古代，每逢战乱、天灾、饥荒，随之而来的往往是规模不小的人口迁移。在迁移过程中，对基本生存助力甚小，有时候甚至还会起到副作用的小说，就或主动或被迫地被丢掉了。

另一方面，因为雕版印刷和手抄，尤其是手抄方法的存在，小说在传播过程中常常会经历不同的修改。以《三国演义》为例，一个曹操比较厉害的版本传到了一个喜欢刘备的书商或文人手里，那么他在抄录的时候就会很自然的把刘备写得更厉害一点。这个刘备更厉害的版本如果被传到更喜欢孙权的人手里也是一样的。久而久之，自然就会诞生多种情节、人物形象不尽相同，乃至大相径庭的版本。这两个方面的原因相结合，也就使得包括《三国演义》在内的很多古代长篇小说，在成书后，陆陆续续的诞生又消亡了数不清的版本，这也是到目前为止，没有人看到过罗贯中最初写出来的《三国演义》的原貌的一个原因。

版本情况

《三国演义》自成书以来，诞生了很多版本。按照时间先后顺序，主要有以下几类：

通俗演义类。顾名思义就是主要以历史为素材进行改编而成的小说，其中相当一部分故事情节都是作者根据故事创作需要而自行虚构的。这类版本主要以情节曲折多变和人物形象凸显著称，语言比较浅显易懂，适用于文学水平较低的读者，也是成书后出现较早的一个大类。

志传版本类。志传版本类在故事主体上和通俗演义类基本相同，内容上的主要区别在于志传版本类增添了虚构的关羽二儿子关索（又称花关索）的故事。另外，形式上最大的区别在于，和其他版本每一回一张图或是每数页一张图不同，志传版本类每一页都是固定的上图下文。

批评版本类比志传版本类出现得更晚一点，在文学成就上要明显高于前两个大类。主要原因在于之前的版本都只是小说原文和图片的结合，而批评类版本开始有了作者的点评，降低了理解小说内容的难度。除此之外，以李卓吾本为代表的批评类版本还创造性地将回目由单题变成双题，并把240回合为120回，大大增加了故事情节的连贯性。

诞生最晚、成就也最高的毛氏版本类是由清初著名的文学评论家毛纶、毛宗岗父子以李卓吾评本为基础，对回目和正文进行了较大修改，并作详细评点，全面整理修订而成。比如，关羽千里单骑过五关斩六将这一段情节，在嘉靖本和李卓吾本中的回目都是"关云长千里独行 关云长过关斩将"，而同一情节毛宗岗本的回目则是"美髯公千里走单骑 汉寿侯五关斩六将"。再比如，诸葛亮七擒孟获一段情节，嘉靖本和李卓吾本的回目都是十分单调的"诸葛亮一擒孟获 诸葛亮二擒孟获……诸葛亮七擒孟获"。到了毛宗岗本中，就变成了区别性和艺术性高得多的"征南寇丞相大兴师 抗天兵蛮王初受执""渡泸水再缚藩王 识诈降三擒孟获""武乡侯四番用计 南蛮王五次遭擒""驱巨兽六破蛮兵 烧藤甲七擒孟获"。毛宗岗本文字精练、贴合历史，面世后迅速成为最流行的版本。

2 《三国演义》中的特种部队

战争，是敌对双方为了达到一定目的而进行的武装战斗，是政治和外交的极端手段。一般的战争中，往往有几十万、上百万大军两边对垒，震天撼地，在正规部队两军对垒之余，那些在数量、装备、战法上和普通军队不尽相同的特种部队的作战更加扣人心弦。在很多人印象里，特种部队这个名词，似乎应该是现代战争的产物。其实，特种部队的历史，远比很多人以为的要长。

白马义从

说到《三国演义》中的特种部队，第一个不能不提的就是割据辽东的军阀公孙瓒手下的白马义从。公孙瓒割据北方，为了对抗北方西羌少数民族，以麾下几十个善于骑射的下属为核心，渐渐打造出了一支有数千人之多，善于骑射的骑兵部队。又因为大半都是白马,每逢交战,必用白马为先锋,因此号为"白马义从"。白马为主,擅长骑射,便是这支骑兵的突出特征。

第七回中,公孙瓒与袁绍战于磐河,也曾特别交代:"马五千余匹,大半皆是白马。因公孙瓒曾与羌人战,尽选白马为先锋,号为白马将军;羌人但见白马便走,因此白马极多。"无论是当时的羌族还是后来的蒙古族,生长于北方草原的少数民族素来以擅长骑兵著称。能以骑兵为主力,杀得羌族"但见白马便走",公孙瓒白马骑兵的战斗力,可见一斑。

虎 豹 铁 骑

按《三国演义》的描写,曹操亲自参加的征战活动算起来胜多负少,而且往往能在不利形势下实现逆转,其原因无非有两个,一是占有天时,二是诡计多端。这些描写在很大程度上遮蔽了曹操善于治兵的长处。其实,早期的曹魏军之所以能屡胜强敌,一个重要原因是曹操手中有一支训练有素的精锐部队——"虎豹骑"。

在官渡大胜后,已是丞相的曹操一方面为了南征北战的需要,一方面为了设立丞相亲军,以这数百精骑为骨干,结合部分原吕布麾下的骑兵,再从麾下所有骑兵部队中优中选优，百里挑一，不断扩充，渐渐形成了一支战斗力极为强悍的精锐骑兵。正因为是精锐中的精锐，曹操历来都只放心让曹纯、曹休、曹真等曹氏宗族统领。这支骑兵渐渐成型后，参与过不少硬仗，也屡立战功。征讨袁谭，袁谭战败而逃，曹纯率虎豹骑追之，斩首袁谭。第四十一回中，收降刘琮后，曹操又遣曹纯领虎豹骑，一日夜追三百余里，长途奔袭打败刘备。在北征马超过程中，曹操又用虎豹骑大破素来以精锐骑兵著称的西凉马家。征战多年，出击必胜。虎豹骑无愧为精锐中的精锐。

百炼藤甲

其实，拜诸葛亮所赐，说到《三国演义》中的特种部队，知名度最高的，恐怕还要属那刀枪不入的藤甲军了。第九十回中，孟获被诸葛亮六擒六纵后，急于寻找对策。麾下带来洞主向孟获举荐了以藤甲军为主力的乌戈国国主兀突骨，并言藤甲军的奥秘在于其材质："其藤生于山涧之中，盘于石壁之上；国人采取，浸于油中，半年方取出晒之；晒干复浸，凡十余遍，却才造成铠甲；穿在身上，渡江不沉，经水不湿，刀箭皆不能入：因此号为藤甲军。"待孟获请到兀突骨后，藤甲军一度给蜀军造成了不小的麻烦："蛮兵卷地而至。蜀兵以弩箭射到藤甲之上，皆不能透，俱

烧藤甲七擒孟获

落于地；刀砍枪刺，亦不能入。蛮兵皆使利刀钢叉，蜀兵如何抵当，尽皆败走。"

当然，藤甲军最后的结局我们都知道了。听说了藤甲的制作方法，对貌似刀枪不入的藤甲军的致命弱点心知肚明的诸葛亮用骄兵之计，把藤甲军诱入盘蛇谷，一把火把兀突骨和三万藤甲军，烧得互相拥抱，死于谷中，臭不可闻。

3

兵者凶器

——《三国演义》中的兵器

作为一部描写汉末三国大乱世的小说,《三国演义》中最常出现的一类事件,就是在乱世司空见惯的大小战争。而有一样东西,又必定伴随着战争同时出现,那就是在战争中不可缺少的各式武器。虽然描写的是冷兵器时代的故事,但《三国演义》中出现的兵器并不少。

长 枪 短 剑

说到《三国演义》中的兵器,很多人的第一反应就是那些武将在临敌对阵时手里所持的各种长兵器。而在这些长兵器中,还有一些具有响当当的名号。开篇第一回中,桃园三结义时,就特别交代了关羽的兵器"青龙偃月刀"和张飞的兵器"丈八蛇矛"。在这兄弟两人的兵器外，整部《三国演义》中唯一出现独特名字的长柄兵器，就只有吕布的方天画戟了。在这三人之外，其他大多数武将的长柄兵器，都只有"刀""枪"的泛称。在刀枪之外，还有一个特例，就是用斧子的徐晃。在这些兵器中，枪、矛以挑、刺为主，刀、斧以砍、削为主。戟因为兼有枪的尖头和接近刀的月牙形利刃，所以兼具挑、刺、砍、削的功能，正适合武力天下无双的吕布。

除了以上临阵杀敌的长兵器外，还有相当一部分，是随身携带，更多用于防身的短兵器。在短兵器中，又以剑为主。三英战吕布时，刘备冲上去凑热闹，用的就是双股剑。相比于纯属凑热闹的双股剑，另外一把剑所发挥的实际作用就大得多。第四十一回中，赵云在乱军之中寻找阿斗，忽然遇到曹操部将夏侯恩带着曹操的两把宝剑之一的青釭剑四处劫掠。赵云一枪秒杀夏侯恩，夺得青釭剑。随后七进七出的过程中，"砍铁如泥，锋利无比"的青釭剑帮了赵云大忙："赵云力战四将，曹军一齐拥至，云乃拔青釭剑乱砍，手起处，衣甲平过，血如泉涌""云左手持枪隔过画戟，右手拔出青釭宝剑砍去，带盔连脑，砍去一半"。

弓 箭 暗 器

武将之间，长枪短剑的你来我往让人瞩目。其实，除了长枪短剑外,弓箭和各种各样的暗器同样让人屏息。第五十三回中,关羽黄忠战长沙,黄忠两次虚拽响弓弦,第三次一箭射中关羽盔缨根,显示出了他百步穿杨的弓术。第六十五回,马超张飞酣战葭萌关,激战两百余合,不分胜负。马超诈败而走,却暗中用铜锤飞掷张飞。张飞躲过后,箭射马超作为回礼,也被马超闪过。锤来箭往,显示出了枪剑拼杀外,不一样的战斗。

除了上述两个例子外,《三国演义》中有一位暗器高手可能很多人都没印象,就是诸葛亮在七擒孟获过程中遇到的孟获夫人祝融。第九十回中,孟获在受了五擒之辱后,正寻思无计之间,祝融夫人挺身而出。背插五口飞刀,出阵迎敌。而且第一次出阵,就用飞刀击伤并生擒蜀将张嶷,显示出了颇高的飞刀水平。

特 殊 兵 器

上面提到的所有兵器,无论是长枪短剑还是弓箭暗器,主要都还是武将之间个人拼杀中所用。其实,《三国演义》中,还有一类不一样的兵器,作为军队使用的特殊兵器,出现在不同战场中。第九十回中,诸葛亮面对看似刀枪不入的藤甲军,拨十辆黑油柜车与千条竹竿于马岱,令其在盘蛇谷中设置陷阱。半个月后,藤甲军被魏延诱入盘蛇谷中，山上火把丢下，引燃地中药线，就地飞起铁炮，引发大火，把三万藤甲军烧得一干二净。事后，诸葛亮对众将解释道："车中油柜内，皆是预先造下的火炮，名曰'地雷'。一炮中藏九炮，三十步埋之，中用竹竿通节，以引药线，才一发动，山损石裂。"根据诸葛亮的描述，我们大概可以知道，这是一种埋藏在地下，用竹竿中的引线发动的连环地雷，而且还有弹射功能。当然，这只是后人小说家虚构，因为在连成熟的火器都还没出现的汉末三国时期，能造出这种包含延时发动、定向弹射、扇面式杀伤范围等诸多功能的火器，主要渲染"多智而近妖"的诸葛亮。

相对于"领先世界"好几个世纪的地炮，诸葛亮在《三国演义》中发明的另一项武器就现实得多。第一百零四回中，诸葛亮在临死嘱托姜维时，就有提到："吾有'连弩'之法，不曾用得。其法矢长八寸，一弩可发十矢，皆画成图本。汝可依法造用。"后来姜维北伐兵败，司马师追到阳平关下，却"被姜维用武侯所传连弩法，于两边暗伏连弩百余张，一弩发十矢，皆是药箭，两边弩箭齐发，前军连人带马射死不知其数"。不过，因为连弩存在射程短、制造烦琐、受天气影响大等缺点，这也就是连弩在《三国演义》中唯一的出场了。

读遍整个《三国演义》我们可以发现，其中虽然出场了大量武将，但这些武将所用的兵器都大量重复，而且以刀和枪居多。戟和斧都已经能算是冷门武器了。而同样是有战役场面描写的《水浒传》和《隋唐演义》等，其中出现的兵器种类就远远多于三国。鎏金镋、金瓜锤、禅杖、铁鞭、锏、棒等，不一而足。其实，这些五花八门的武器，和《三国演义》中大量重复出现的刀枪相比，虽然特色性远远胜之，但实用性却又是明显不如。这也正符合几部小说的构造。《三国演义》"七实三虚"，记实为主，所以其中出现的武器也要以普遍实用为主，突出个性为辅。相对的，《水浒》和《隋唐》虚构较多，为了突出人物的不同点和个性，武将们所用的武器，也就自然多而杂了。

4
徐州：兵家必争之地

《三国演义》作为描写汉末三国时期历史的演义小说，描绘了很多场面宏大的战争。官渡之战，曹操火烧乌巢，以少胜多大败袁绍。赤壁之战，孙刘联军在兵力绝对劣势的情况下，一把大火重创曹操。夷陵之战，陆逊在连战连败，局势极度不利的情况下，一把大火把蜀汉七十余万大军埋葬在猇亭。除此之外，演义中所描绘过的大小战役，波及了大半个中国。然而，有一个地方，虽然从来没有发生过大规模的战役，但却可以算得上是整个三国时期受战争摧残最严重的地方。这个地方，就是《三国演义》前期多路诸侯竞逐厮杀的徐州。

生灵涂炭

作为自古以来的兵家必争之地，徐州在演义中遭遇过多次战火摧残。最残酷的一次打击,便出自"古往今来第一奸雄"曹操之手。第十回最后,曹操因为父亲曹嵩被陶谦手下杀害,为报父仇而起大军攻打徐州。本来因为父亲被杀,一时气愤攻打徐州,勉强还可以理解,但是曹操出发时却特别下令:"但得城池,将城中百姓,尽行屠戮,以雪父仇。"就十分残暴无理了。这就给处于汉末三国的大乱世中,本就危如累卵的徐州带来了一场浩劫。曹操在攻打徐州的时候,以为父报仇为借口,所到之处,"杀戮人民,发掘坟墓",给徐州的民生经济造成了极大的破坏。最后,曹操虽然因为被吕布攻击后方兖州而不得不暂时退兵,但是曹操此次攻打徐州,已经给徐州的未来蒙上了一层阴影。

两雄斗智

除了如此残酷的生灵涂炭外,徐州作为《三国演义》前期多路诸侯虎视眈眈的必争之地,还上演过一出精彩绝伦的两雄斗智。第十四回中,曹操在迁都至许昌,掌握朝廷大权后,再次把目光投向了徐州。曹操的心腹重臣荀彧为曹操献上了一条"二虎竞食"之计:"明公可奏请诏命实授备为徐州牧,因密与一书,教杀吕布。事成则备无猛士为辅,亦渐可图;事不成,则吕布必杀备矣:此乃二虎竞食之计也。"此计高明之处在于，刘备虽然这个时候暂时收留吕布于徐州，但是对吕布并不完全放心。只要刘备动了要杀吕布的念头，那么最终无论刘备有没有杀掉吕布，徐州都会变得易于攻打。因为，假如刘备成功地杀掉吕布，那么就会失去可用之援，变得更容易攻打。如果刘备动了手却没能成功，也会导致和吕布反目成仇，自相残杀，更加削弱刘备的实力，让徐州变得更易攻克。

然而，荀彧此计虽然高明，刘备也不是傻瓜，自然知道曹操此举的用意。在接了曹操要他杀吕布的密信后，不仅没有着手施计除掉吕布，反而直接把曹操的密信拿给吕布看，让吕布知道曹操此举是要挑拨二人关系。面对关张的疑问，刘备更明明白白地说出："此曹孟德恐我与吕布同谋伐之，故用此计，使我两人自相吞并，彼却于中取利。奈何为所使乎？"这样，曹操此举不仅没有离间两人的关系，反而起到了反作用，让刘备与吕布之间的结盟更加坚定。

刘备虽然并未堕入曹操的圈套之中，然而逃得过初一逃不过十五。荀彧一计不成又生一计："可暗令人往袁术处通问，报说刘备上密表，要略南郡。术闻之，必怒而攻备；公乃明诏刘备讨袁术。两边相并，吕布必生异心，此驱虎吞狼之计也。"此计和"二虎竞食"相比，更加高明之处在于，不仅更充分地利用了曹操"挟天子以令诸侯"的政治优势，改私下的密信为天子的明诏，让刘备即使是看破了曹操的企图，也不得不因为必须遵从天子明诏而按照曹操设计的那样行动下去。而且将刘备暂时调离徐州，使得刘备后方空虚，这样一来，"狼子野心，诚难久养"的吕布极有可能按捺不住，趁此机会夺下刘备的徐州。之后的事实也和荀彧设计的完全一样，刘备在受到"天子诏命"后，起兵攻打袁术。吕布果然趁着刘备出征、徐州空虚的机会，以其丈人、刘备手下的曹豹为内应，里应外合打破徐州。

除了曹操对徐州惨绝人寰的屠杀和荀彧精妙的两计外，《三国演义》前期还围绕徐州发生过其他很多故事，如陶谦三让徐州，吕布辕门射戟，袁术七路大军攻打徐州等，直至官渡之战前，曹操打败刘备，收降关羽为止，徐州一直都是《三国演义》各路诸侯你来我往，互相攻伐的焦点。曹操，刘备，吕布，袁术，四路诸侯以徐州为核心，或以兵攻伐，或以计智取，在献上了一段段扣人心弦的故事的同时，也给徐州带来了一次又一次极大的破坏。正所谓"一将功成万骨枯"，战争只能给那些极少数的人带来功绩和荣耀，而给大多数的人带来的，只能是劫难甚至死亡。

5 《三国演义》中的粮草

无论是"兵马未动粮草先行"还是"人是铁,饭是钢,一顿不吃饿得慌",都在传递这样一个信息:粮草,或是食物,是小至生产生活,大至行军作战必不可少的基本条件。古今中外,因为粮草供应或是后勤补给而影响、决定乃至改变战役战争结果的例子数不胜数,汉末三国时期也不例外。

因 粮 免 难

说到《三国演义》中的粮草,有一处可能很多人都没印象,但却是一个很典型的例子。第六十七回中,曹操西征汉中,惊动了汉中太守张鲁。初到汉中的曹操,被张鲁以逸待劳,杀退两阵。意识到汉中难以强攻的曹操,用佯退诱敌之计,大败张鲁,逼得张鲁不得不启用收留的庞德,却又被曹操联合张鲁麾下谋士杨松为内应，里应外合使得庞德归曹。得到庞德的曹操着力攻打南郑。张鲁见事已急，准备出逃，但没有听从弟弟张卫焚烧存粮的建议，而是将库粮封存，逃往巴中。

曹操进入南郑，见张鲁封闭库藏，十分怜悯。在张鲁最后投降后，优礼相待，并直接封张鲁为镇南将军，阆中侯，食邑一万户。要知道，食邑在古代是王侯高官级别地位的重要象征。食邑多少很多时候直接反映了地位的高低。无才少谋，听谗惑乱，最后还是不得已才投降的张鲁甫一归曹就直接享受级别很高的万户食邑，可以说与其保存粮食，封闭库藏的行为直接相关。张鲁珍惜粮食，在诡诈奸猾的曹操手下得以善终，足见珍惜粮食的重要性，更足见曹操对粮食的重视。

运粮破敌

张鲁的结局让我们感慨珍惜粮食的重要性。另外一个独特的例子向我们展示了粮草在战争中的独特妙用。第一百零二回中，诸葛亮六出祁山，和司马懿战了两场，互有胜负。一胜一败后，司马懿又开始坚守不出。求战不得的诸葛亮因粮草运输不便，便拿出了早就准备好的法宝——木牛流马。这个传言中有诸葛亮的夫人黄氏参与设计的运输车"宛然如活的一般，上山下岭，各尽其便"。众军见之，无不欣喜。消息传到司马懿耳朵里，知道蜀汉想以此准备久远之计的司马懿调遣兵将，抄小路抢了诸葛亮几只木牛流马，并令巧匠照样仿造，造成木牛流马两千余只，一样用来搬运粮草。

抄袭成功的司马懿自以为得计，却不知此举正中诸葛亮下怀。过了数日，知道司马懿抄袭木牛流马的诸葛亮令王平领兵一千，扮作魏兵，混入魏军运粮队，伺机将粮队杀散，驱木牛流马而回。待魏兵赶来，便将木牛流马舌头扭转，牛马就不能行动。魏兵再想驱动时，却驱赶不动。待魏延、姜维接应兵到，再将牛马的舌头扭回，再配合张嶷率领的扮作六丁六甲神兵的五百人配合，魏兵必然以为是神兵作怪，不敢来追。蜀汉各将依计而行，果然大获成功。诸葛亮巧用木牛流马，不仅解决了自己的运粮问题，还诱惑司马懿抄袭木牛流马，白得了魏军一批粮草，并杀败魏军一阵，真可谓妙于运粮也。

粮 草 以 外

无论是张鲁因封闭存粮而获得厚待，还是诸葛亮借运粮的木牛流马一举三得大败魏军，抑或是前文中写过的曹操乌巢烧粮以少胜多大败袁绍，似乎无不是在告诉我们粮草的重要性。诚然，粮食、粮草在任何时代都永远是人类生产生活、行军打仗不可或缺的基石。《三国演义》中就有不少因缺粮落败的例子。僭称帝号的袁术最终败亡之时，粮食尽绝，只剩麦三十余斛。然而，粮食虽然重要，但只是全部吗？和袁术在同一回中前后脚灭亡的公孙瓒，屡败于袁绍，困守易京楼，积粟三十万斛，最终还是楼焚人亡。诸葛亮第二、第五次北伐，都因为缺粮退兵，却仍然能以退为进，击杀王双、张郃。彭端淑《为学》有言曰："是故聪与敏，可恃而不可恃也……昏与庸，可限而不可限也。"如果没有与之对应的谋略，虽有浩瀚粮仓，也是无济于事。如果有足够的应对策略，那么一时缺粮少食，也能从容应对。

6

《三国演义》中的酒

酒,在中国是具有悠久历史的一种饮料。很多著名的历史事件、文艺作品都有酒的参与,比如刘邦项羽鸿门宴,宋太祖杯酒释兵权,著名京剧曲目《贵妃醉酒》等。同样,在《三国演义》所描写的近百年历史故事中,也有很多与酒有关的著名事件。

逢 酒 作 戏

酒作为一种饮料,因为能使人醉的特殊效用而常常被别有目的的人用来做戏。说到用酒做戏,不能不说的就是那一处了。第四十五回中,曹操在被周瑜杀败一阵,挫动锐气后,派自命不凡的蒋干到江东去劝降周瑜。周瑜随即将计就计,设宴以待蒋干,还特别令太史慈:"公可佩我剑作监酒;今日宴饮,但叙朋友交情;如有提起曹操与东吴军旅之事者，即斩之！"然后又故意说，"吾自领军以来，滴酒不饮。今日见了故人，又无疑忌，当饮一醉。"说完，便"大笑畅饮"，喝得兴起，还亲自舞剑作歌。

歌罢，蒋干辞以不胜酒力。周瑜下令撤席，并说"久不与子翼同榻，今宵抵足而眠"。接着，"佯作大醉之状，携干入帐共寝"，还"和衣卧倒，呕吐狼藉"。蒋干被搅得根本无法入睡，遂起来偷看周瑜的书信，正好看到周瑜特地为蒋干伪造的张允、蔡瑁私通东吴的信。被骗得团团转的蒋干自以为立功，完全按周瑜所设计的那样，把这封信带给曹操，致使曹操中计，杀了张允、蔡瑁。群英盛会，周瑜假借醉酒，故意让蒋干有机可乘，盗走书信，"帮助"周瑜除掉了被视为心腹大患的水军都督张允、蔡瑁。因酒做戏，可谓精彩绝伦。

醉 酒 立 功

不管在什么场合下，喝醉酒都是容易误事的。古今中外，不管是史书传记还是文学作品，因为喝醉酒而误事的例子数不胜数。然而，在《三国演义》里，却有人靠喝醉酒立了大功。第七十回中，曹魏名将张郃领三万大军，攻打张飞驻守的巴西郡。第一次交锋，被张飞和部将雷铜杀败一阵，退守大寨，多置擂木炮石，坚守不出。张飞又开始下令军士大骂,结果张郃在山上和张飞对骂起来。相拒五十余日,张飞无计可施,似乎开始气急败坏,在山前扎住大寨,每日唯有杜康,喝得大醉,坐在山前大骂。

张飞如此表现,惊动了在成都的刘备。听知张飞终日沉迷醉乡,刘备慌忙问于诸葛亮。诸葛亮却大笑:"原来如此!军前恐无好酒,成都佳酿极多,可将五十瓮作三车装,送到军前与张将军饮。"还派魏延送酒给张飞。张飞受了酒,不仅变本加厉地在帐前"大开旗鼓而饮",还"令二小卒于面前相扑为戏"。被张飞此举激怒了的张郃传令劫寨。当晚,张郃引军杀到张飞中军,见张飞端坐不动,一枪刺倒,却是一个草人。方知中计的张郃与张飞交战五十余合,渐渐难敌,两路救兵又被杀败,只得领一万残军退守瓦口关。张飞此次,故意以旧日莽张飞示人,醉酒欺敌,一举大胜。

因 酒 误 事

张飞醉酒欺敌,一举大胜。然而事物总有两面性,有因酒立功的,就有因酒失事的。第十九回中,吕布被曹操打败,望袁术救援不得,退守下邳,又因贪恋妻妾,不肯听从陈宫互为犄角的谏言,只是终日与妻妾饮酒解闷。因耽于酒色,形容消减,一天照镜子,惊曰"吾被酒色伤矣！自今日始，当戒之"。于是下令，全城戒酒。

自己害于酒反禁他人酒已有矫枉过正之嫌，然而吕布的糊涂还未结束。有一天，吕布部将侯成的马被盗走，被侯成追上夺回，酿得五六斛酒，欲与诸将会饮，却怕吕布见罪，于是先把五瓶酒献给吕布，却被吕布无端怀疑："吾方禁酒，汝却酿酒会饮，莫非同谋伐我乎！"下令砍了侯成，被众将告免，打了五十大棍。早就对吕布心怀不满的侯成等将，商议已定，先盗了赤兔马献给曹操，又趁曹操攻城，吕布亲自抵挡，疲倦之时，将吕布绳索捆绑，开门献城。吕布不仅因为自己耽于酒色而不听谏言，还无端怀疑献酒的侯成，最终在接二连三的下策昏招之下，走向了灭亡。

读到这里，不免让人感叹，同样是酒，为什么有的人就能因酒立功，有的人就会因酒失事。其实，因酒立功也好，因酒失事也罢，酒都是那个酒，本身是无所谓好坏的，关键在于，人如何运用它罢了。

7 《三国演义》中的菜肴

俗话说，民以食为天。在烹饪技法、农牧培植日益发达的现代社会，相当多的人对于饮食的需求已不再是简单的吃饱喝足，取而代之的是对美食的追求。其实，即使是在烹饪的原料、技法远不如现在丰富、发达的汉末三国时代，有的对菜肴亦有相当的追求。

有宴无菜

不管是古代还是现代，美食往往有这样一个特征：高级的美食往往伴随着各式各样的宴席而出现。然而，不知是有意还是无意，《三国演义》中的很多宴会，都完全没有出现任何菜肴的名字。暴虐淫威的董卓掌握中央大权期间数次设宴，却从没有提到任何菜肴。袁术素以骄奢淫逸著称，但是直到他呕血而死，也从来没有提到他吃过任何东西，仅有的一次，也只是在他临死时，令下人取蜂蜜水解渴而不得。其他的宴会，无论是刘备刚刚入蜀时和蜀地当时的统治者进行的、两个政权领导人的高级别宴会，还是魏蜀吴相继称帝建国后，三方使节相互来往的国宴，也都没有出现任何菜品。就连周瑜调戏蒋干的群英会这样的著名宴会，也都没有提到哪怕一道菜肴的名称，都只是"开怀畅饮""觥筹交错"而已。

随军菜肴

上面讲到的很多宴会都没有菜的名字。《三国演义》中其他很多地方，虽然提到了菜的名字，但也并没有展开描述菜的做法。第七十二回中，曹操与刘备对峙于汉中。屡遭败绩的曹操有退兵之意，却又犹豫不决。这时，正逢庖官，也就是所谓的随军厨师向曹操进献鸡汤。曹操见汤中有鸡肋，有感于怀。随后就是众所周知的，曹操因为杨修从他传下的口号"鸡肋"中读出了曹操有退兵之意，于是一怒之下杀了杨修。虽然难以考证，但这里庖官向曹操所进的鸡汤，应属于只有少数高级将领，或是身份尊贵的人才有权享用的。因为，在汉末三国时期，还不存在像现代这样能对生鲜食材进行远距离的保鲜运输手段。所以在古代，凡大军出征，肉类一般都是被制作成腌渍、风干的腌肉、干肉以便长期保质和远距离携带，只会随军携带少量的活牲畜，用以供给三军主帅，或是高级将领食用。曹操是当时名义上的东汉魏王，三军最高统帅，所以有资格享用像鸡汤这样烹制费时的菜肴。

相比于鸡汤这样在军中主要供给高级将领的菜肴，另一样东西的食用级别就低得多，那就是马肉。马在古代作用极为广泛，既是军队作战不可或缺的坐骑，也是平民商贾十分依赖的交通工具。其实，很多人不知道的是，马在充当人的交通工具之外，还是很重要的辅助性食用肉类。在第五十回，曹操赤壁惨败，华容逃命时，也曾提到"便就山边拣干处埋锅造饭，割马肉烧吃"。说明马肉可作为缺少其他口粮时的应急性食物。

高 级 佳 肴

上面所说的鸡汤和马肉虽然是出现名字的食物，但作为菜肴而言仍然过于简单，只出现了食材的名字，基本上没有提到做法。在《三国演义》中，有一道菜肴，不仅出现了菜肴的名字，还对菜肴的原材料和相应的做法有过较为详细的介绍。第六十八回中，曹操称魏王后，在王宫大宴诸官。左慈不请自来，因从画中取下龙肝被百官邀请同桌用膳。不一会儿，庖人传上鱼脍，也就是切细做熟的鱼肉。左慈表示"脍必松江鲈鱼方美",随即当场取钓竿,在王宫的鱼池中钓出数十条大鲈鱼。面对曹操的责难,还表示"天下鲈鱼只两腮,唯松江鲈鱼有四腮,此可辨也",随后又表示"烹松江鲈鱼,需紫芽姜方可"。

这一段文字,不仅提到了做法是"脍",也就是切细做熟,还特别点出了对原材料的高级要求"必松江鲈鱼方美",还讲明了辨别普通鲈鱼和松江鲈鱼的方法,也就是两腮和四腮之别,最后还说明了让味道更进一步的做法,也就是用紫芽姜做辅料,显示出了十分讲究的美食品位。虽然在细致程度上和《西游记》《红楼梦》中的种种美食,尤其是和《红楼梦》中茄鲞那种程度的细致描写相比仍相去甚远,但置于多大场面叙事,而少细节描写的《三国演义》中,已经能算是比较细致的描写了。这样对材料、做法的讲究,正符合曹操此时"无名天子"的地位,可谓是贵人用贵食。

除了上文提到的外,《三国演义》中出现的各类食物还有一些,比如诸葛亮七擒孟获时提到的南方少数民族的"杀蛇为羹,煮象为饭",以及他平蛮班师时,祭泸水用的"馒头"等,在此不一一列举。其实,我们可以发现,凡是具体出现的食物菜肴,无论是鸡汤还是鱼脍,都是用来供给当时称魏王,已经是实际上的皇帝了的曹操。在等级制度森严的古代,高级的菜肴只有尊贵的人才能享用。而且,即使是非常进步的现代社会,高级的菜肴、高级的食物,也不是普通人能享用的起的。食物,自古至今,或多或少,都是身份的象征,不独三国为然。

左慈掷杯戏曹操

8 《三国演义》中的谶纬

谶纬,是谶书和纬书的合称,是盛行于秦汉代的重要社会思潮。概括地讲,谶纬就是以短小精悍的一两句话预言未来的政治。在讲究预兆天象的古代,很多人物在发起政治行动前,都会利用既有的谶纬,或是捏造谶纬来为自己的行动寻求理论支持,这种做法在《三国演义》中有多处描写。

帝王颠倒

《三国演义》第三回中,何进被十常侍杀害后,曹操、袁绍等人杀入宫中,诛杀宦官。汉少帝刘辨与当时还是陈留王的汉献帝刘协被十常侍之首张让挟持,逃出洛阳。行到北邙山,张让因被追甚急,不得不投河而死。刘辨与刘协不得不仓皇逃命,逃到一个小庄院,被庄主崔毅收留。

第二天，被前来寻找的王允、袁绍等人找到，这才慢慢回到洛阳。

一个是九五之尊的皇帝，一个是位高尊贵的郡王，却被宦官挟持，仓皇逃命，难免让人感叹帝室衰微。这一段情节，也被记录在了一句所谓的童谣，也就是谶纬当中"帝非帝，王非王，千乘万骑走北邙"。因为在古代，帝曰万乘、王曰千乘，而刘辩、刘协又正好是被挟持到北邙山开始逃窜，所以叫"千乘万骑走北邙"。后来，少帝被废为弘农王，陈留王刘协被立为汉献帝。帝废为王，王反为帝，所以叫"帝非帝，王非王"。

代汉疑云

当然，讲到汉末三国时期的谶纬，最有名的，恐怕还要属那一句了。第十七回中，占据淮南，据有玉玺的袁术，开始打算僭称帝号。为了寻求理论上的合理性，袁术便把那句谶纬搬了出来："代汉者，当涂高也。"也就是说，汉家天下将被"涂高"这个人或是与之相关的人所代替。因为"涂"音同路途的途，而袁术字公路，又因为在古代，公家修筑的道路会比一般的民用道路要高，所以袁术在这里便很牵强的把这句谶纬附会到了自己身上，强行称帝。

当然，袁术强行称帝的下场我们都知道了。这句"代汉者，当涂高"说的当然并不是袁术，而是曹家。曹丕在继位为魏王后，不仅威迫献帝更甚于其父，更把篡汉自立摆上了议事日程。和历史上的众多其他造反叛逆者一样，曹丕也在寻找理论上的支持和合理性。这时，时任太丞的许芝站了出来，把这句谶纬解释到了曹丕的身上。他的解释是，"涂高"是路途上较高的东西，而在古代，天子、诸侯宫门外成对而立的高大建筑被称为"象魏"。所以在这里，许芝就把"涂高"和"象魏"联系到了一起，以此证明，称魏王的曹丕代汉而立，是天命所归。

代汉无言

不管是评述性的帝王颠倒还是相较而言有明确目的性的代汉者，都是有出处的谶纬，有一定的可信度。但是，也有一些谶纬，是带有明确的主观政治目的而被捏造出来的。第八十回中，以华歆、王朗为首的一批文武官员"请"汉献帝禅帝位给曹丕，并搬出了这么一条所谓的谶纬："委在边，鬼相连，当代汉，无可言。言在东，午在西，两日并光上下移。""委在边，鬼相连"为"魏"字，即意为魏当代汉，无可言说辩驳。"言在东，午在西"为"许"字，"两日并光上下移"为昌字，合起来便是当时东汉名义上的都城许昌。言下之意便是天意要大魏在许昌代汉而立。但实际上，这条谶纬不仅明显不符合谶纬的一般格式，也找不到任何出处，主观捏造的痕迹十分明显。

除了这些之外，还有其他性质相似的童谣，如寓言董卓之死的"千里草、何青青，十日卜，不得生"，以及预言刘备将得西川的"若要吃新饭，须待先主来"，在此不一一展开。其实，稍加探究，就能发现，所有这些谶纬，不管是有出处可信度较高的，还是主观捏造成分明显的，所讲所言的，都是涉及权力乃至政权变动的重大事件。在崇尚天命神权、占星望气的古代，不管是想夺权的还是想保住权力的，都会借用谶纬谣言的力量，不独三国为然。

9 《三国演义》中的怪力乱神

怪力乱神,几千年来一直都是人类社会熄不灭的议题,即使是在科学文明高度发展的现在,仍然有不少人笃信。现代社会尚且如此,那么在古代社会,对怪力乱神的信仰就更重了。这从《三国演义》中那些神秘的超自然现象来看,亦可见一斑。

乱世之兆

作为古代长篇小说的代表之一,《三国演义》中怪力乱神现象可谓是不胜枚举,其中,开篇第一回就有一段预示着天下大乱的灾异现象:"建宁二年四月望日,帝御温德殿。方升座,殿角狂风骤起。只见一条大青蛇,从梁上飞将下来,蟠于椅上……忽然大雷大雨,加以冰雹……洛阳地震;又海水泛溢,沿海居民,尽被大浪卷入海中。光和元年,雌鸡化雄。六月朔,黑气十余丈,飞入温德殿中。秋七月,有虹现于玉堂;五原山岸,尽皆崩裂。种种不祥,非止一端。"开篇第一回便展现如此种种灾厄,预示着大汉王朝气数将尽,乱世即将到来。

天罚逆臣

除了如此预示不祥的恶兆外,"恶人自有天罚"这样的桥段在演义中也有体现。第十回中,董卓死后,李傕、郭汜纠集大军打进长安后,意图礼葬董卓,在收集到了董卓的些许零皮碎骨之后,又用香木雕刻成形体,大加祭祀,欲以王侯的礼节安葬。结果在临葬的时候"天降大雷雨,平地水深数尺,霹雳震开其棺,尸首提出棺外"。李傕本打算等天晴再葬,结果再葬的时候又重复如此。连续三次,不仅都没能安葬,而且连"零皮碎骨,悉为雷火消灭"。至此,就连极少直接表态的小说家在这里也感慨:"天之怒卓,可谓甚矣!"的确,董卓在演义中虽然登场回目不多,但是废立弑帝,强行迁都,祸乱两京,犯下的罪恶,真可谓罄竹难书。而尸首三次被天雷所击,最终尸骨全灭,成了真正完全意义上的尸骨无存,也可说明董卓所为,真真是天理难容。

缠怨索命

当然，提到《三国演义》中的怪力乱神，有一个不得不提的，就是间接害死孙策的太平道人于吉。第二十九回中，孙策遭到许贡的门客行刺而身受重伤，正在养伤期间，与袁绍使者陈震商议联合攻曹，忽然"见诸将互相偶语，纷纷下楼"。询问之下，才知道原因："此人姓于名吉，寓居东方，往来吴会，普施符水，救人万病，无有不验。"孙策很不高兴，不顾众官百姓再三求告，斩杀于吉。

孙策斩于吉本是为了去祸乱，正谗邪。然而，让孙策没料到的是，随之而来的是一连串挥之不去的梦魇。在斩杀于吉当晚："忽见一人从堂前徐步而来，视之，却是于吉。策大怒，正欲拔剑砍之，忽然昏倒于地。""是夜三更，策卧于内宅，忽然阴风骤起，灯灭而复明。灯影之下，见于吉立于床前。"被母亲强令设醮拜祷时，又见："香炉中烟起不散，结成一作华盖，上面端坐着于吉。""又见于吉立于殿门首，怒目视策。""比及出观，又见于吉走入观门来。""却见于吉立于屋上""又见于吉立于火光之中"。直到最后，"策即引镜自照……忽见于吉立于镜中。策拍镜大叫一声，金疮迸裂，昏绝于地"。就这样，原本就有伤在身的孙策在于吉一步步缠怨下，走向了死亡。

仙人戏曹

于吉缠死孙策的过程颇有鬼故事的风格。而《三国演义》中的另一位道人——左慈调戏曹操的行为,则更有神仙风范。第六十八回中,曹操魏王宫成,广征花果,孙权就把四十余担柑子送往邺郡。在路上,左慈去见挑夫,并帮每个挑夫挑了五里路,然而凡是左慈挑过的担子都变轻了。在挑夫见到曹操,献上柑子后,曹操发现剖开的柑子里面没有果肉。正惊疑间,左慈亲自拜见曹操,被曹操责问:"汝何以妖术摄吾佳果?"左慈却笑:"岂有此事?"然后当曹操面剖开柑子。结果,凡是左慈剖开的都有果肉,但只要曹操剖开的,都是空壳。曹操更加惊疑,赐左慈坐而问之。左慈索要酒肉,而且"酒饮五斗不醉,肉食全羊不饱"。面对曹操的询问,左慈表示:"贫道于西川嘉陵峨嵋山中……得天书三卷,名曰《遁甲天书》……大王位极人臣,何不退步,跟贫道往峨嵋山中修行?"曹操表示很无奈:"吾亦久思急流勇退,奈朝廷未得其人耳。"左慈却很"作死"地表示:"益州刘玄德乃帝室之胄,何不让此位与之?"结果当然是被曹操"捉下拷之",又"连监禁七日,不与饮食。左慈却不仅"鼾鼾熟睡,全无痛楚",还很无赖地表示,"我数十年不食,亦不妨,日食千羊,亦能尽。"搞得曹操无可奈何。

到此，左慈的种种法术已算得上是仙气十足。然而，这还只是左慈仙法的冰山一角。在上面一段之后有一天，曹操大宴群臣，左慈突然不请自来，并表示："大王今日水陆俱备……内中欠少何物，贫道愿取之。"曹操欲借机刁难左慈："吾要龙肝做羹，汝能取否？"左慈淡定地表示："有何难哉！"接着，"取墨笔于粉墙上画一条龙，以袍袖一拂，龙腹自开。左慈于龙腹中提出龙肝一副，鲜血尚流"。然后又说，"即今天寒……大王要甚好花，随意所欲"。曹操只要牡丹花。左慈更淡定："易耳。"于是，"令取大花盆放筵前，以水噀之。顷刻发出牡丹一株"。接着，见到鱼脍，又主动表示"鱼脍必松江鲈鱼方美"，然后"教把钓竿来，于堂下鱼池中钓之，顷刻钓出数十尾大鲈鱼"。又主动表示"烹松江鲈鱼，须紫芽姜方可"。然后就"令取金盆一个，以衣覆之。须臾，得紫芽姜满盆"。在充分展现了自己的奇妙幻术后，左慈又直接调戏曹操："慈取桌上玉杯，满斟佳酿进曹。"曹操当然不放心，"汝可先饮"。左慈却"拔冠上玉簪，于杯中一画，将酒分为两半；自饮一半，将一半奉操。操叱之。慈掷杯于空中，化成一白鸠，绕殿而飞"。曹操再也忍不住了："如此妖人，必当除之！否则必将为害。"遂命许褚率三百铁甲军追擒左慈。

然而，左慈的幻术大秀到此还未结束。许褚率铁甲军追到城门外，"望见左慈穿木履在前，慢步而行。褚飞马追之,却只追不上"。直到赶到一座山中,有牧童赶着一群羊,左慈走入羊群。许褚用箭射之,左慈却消失不见了。许褚杀光群羊而回。牧童守羊而哭,突然听见羊头在说话:"汝可将羊头都凑在死羊腔子上。"牧童大惊而走。忽然听到有人呼喊:"不须惊走,还汝活羊。"小童回头一看,左慈已经把死羊复活。小童正要问,左慈已拂袖而去。小童的主人报知曹操后,曹操下令画图捉拿左慈,结果"三日之内,城内城外……都一般模样者,有三四百个"。曹操毫不客气地下令"尽皆斩之",结果"人人颈腔内各起一道青气,到上天聚成一处,化成一个左慈,向空招白鹤一只骑坐,拍手大笑"。曹操又下令众将用弓箭射之。忽然狂风大作,走石扬沙;被砍头的尸身,都跳起来,手提着自己的脑袋,奔上来打曹操。最后,"须臾风定,群尸皆不见"。左慈持续了近半回的幻术大秀,至此方才落下帷幕。

《三国演义》中的怪力乱神,其实还有很多,在此不一一列举。其实,这些看上去荒诞不经的恶兆天罚、鬼怪仙术之所以会流传下来,是因为人们有与其一一对应的想法和愿望。比如,对那些在现实中毫无办法的恶官污吏、土匪恶霸,自然就会在小说故事里以"天罚"对其加以惩戒。古代社会,人类平均寿命普遍不高,自然就会有这些寄托了人们长命百岁愿望的,能长生不老,飞天遨游的仙人被刻画出来。艺术、小说,高于现实又源于现实,说的就是这样。

10 《三国演义》中的骂人之道

骂人，是一种有着悠久历史的行为。自孔老夫子的"朽木不可雕也"开始，各种各样用来骂人的称呼或语句在各种文史作品中层出不穷。《三国演义》也是此道的集大成者之一。和吕布的"三姓家奴"以及袁术的"冢中枯骨"等有名的损人绰号相比，那些具有一定篇幅长度的骂人语句更值得分析。

催命文书

说到《三国演义》里的骂人，有一处可能很多人都没印象，但其实颇具代表性。第一百回中，诸葛亮四出祁山，暗中劫寨，大破曹真。又一次被诸葛亮吊打的曹真羞愧无地，又因为输了和司马懿的赌赛，羞气成病，卧床不起。诸葛亮见机不可失，遂写信一封，让被俘的魏兵带回去给曹真。曹真拿信来看时：

> 窃谓夫为将者，能去能就，能柔能刚；能进能退，能弱能强。不动如山岳，难测如阴阳；无穷如天地，充实如太仓，浩渺如四海，眩曜如三光。预知天文之旱涝，先识地理之平康；察阵势之期会，揣敌人之短长。嗟尔无学后辈，上逆穹苍；助篡国之反贼，称帝号于洛阳；走残兵于斜谷，遭霖雨于陈仓；水陆困乏，人马猖狂；抛盈郊之戈甲，弃满地之刀枪；都督心崩而胆裂，将军鼠窜而狼忙！无面见关中之父老，何颜入相府之厅堂！史官秉笔而记录，百姓众口而传扬：仲达闻阵而惕惕，子丹望风而遑遑！吾军兵强而马壮，大将虎奋以龙骧；扫秦川为平壤，荡魏国作丘荒！

读到这里，不得不感叹诸葛亮的文学功底。这封气人的书信，开始先用一连串颇具气势的对偶句，把作为曹真、司马懿以及诸葛亮自己这样的"为将者"应该具有的能力和本领列了个遍，然后话锋一转，先嘲笑曹真是"无学后辈"，再以大义声讨对方"助篡国之逆贼"，接着用夸张的笔法添油加醋，大书特书其兵败的狼狈模样，然后以"无面""何颜"两句说他自己大失颜面，又用"记录""传扬"两句说你脸已经丢遍了曹魏的朝堂民间，随后更指名道姓说曹真和司马懿被打得胆气尽失。最后还施以威胁,说我们蜀汉大军不日将踏平整个魏国。整封信不仅语势强烈,亦多角度进行挖苦讽刺,可称得上是骂人的典范案例。结果,本就恼羞成怒而"卧病不起"的曹真,看到这封信,很自然地"恨气填胸,至晚,死于军中"。

反 戈 一 击

当然,说到《三国演义》中的骂人,最著名的恐怕还要属那一处了。第九十五回中,诸葛亮出师北伐。魏明帝曹睿以曹真为都督,王朗为军师,领兵二十万以御之。两军对阵,王朗毫不客气,先下说辞:

> 天数有变,神器更易,而归有德之人,此自然之理也。曩自桓、灵以来,黄巾倡乱,天下争横。降至初平、建安之岁,董卓造逆,催、氾继虐;袁术僭号于寿春,袁绍称雄于邺土;刘表占据荆州,吕布虎吞徐郡:盗贼蜂起,奸雄鹰扬,社稷有累卵之危,生灵有倒悬之急。我太祖武皇帝,扫清六合席卷八荒;万姓倾心,四方仰德。非以权势取之,实天命所归也。世祖文帝,神文圣武,以膺大统,应天合人,法尧禅舜,处中国以临万邦,岂非天心人意乎?今公蕴大才、

抱大器，自欲比于管、乐，何乃强欲逆天理、背人情而行事耶？岂不闻古人曰：'顺天者昌，逆天者亡。'今我大魏带甲百万，良将千员。谅腐草之萤光，怎及天心之皓月？公可倒戈卸甲，以礼来降，不失封侯之位。国安民乐，岂不美哉！

坦白地讲，王朗的这番说辞，不仅气势一般，说辞本身的说服力也很有限。上来先很啰唆地列了一串割据四方的军阀，然后却另起话题，很牵强地把曹操"扫清六合席卷八荒"的原因归结为"天命所归"，然后左一个"应天合人"右一个"逆天者亡"，一直在强调天命所归。整段话不仅因为缺乏根据而说服力不强，在语言上也缺乏气势。对稍有头脑的人都不会有什么作用，何况，他面对的是智慧的化身诸葛亮。诸葛亮在听到王朗这一番言论后，当场大笑而答：

吾以为汉朝大老元臣，必有高论，岂期出此鄙言！吾有一言，诸军静听：昔日桓、灵之世，汉统陵替，宦官酿祸，国乱岁凶，四方扰攘。黄巾之后，董卓、傕、汜等接踵而起，迁劫汉帝，残暴生灵。因庙堂之上，朽木为官，殿陛之间，禽兽食禄；狼心狗行之辈，滚滚当道，奴颜婢膝之徒，纷纷秉政。以致社稷丘墟，苍生涂炭。吾素知汝所行：世居东海之滨,初举孝廉入仕;理合匡君辅国,安汉兴刘;何期反助逆贼,同谋篡位!罪恶深重,天地不容!天下之人,愿食汝肉!今幸天意不绝炎汉,昭烈皇帝继统西川。吾今奉嗣君之旨,兴师讨贼。汝既为谄谀之臣,只可潜身缩首,苟图衣食;安敢在行伍之前,妄称天数耶!皓首匹夫!苍髯老贼!汝即日将归于九泉之下,何面目见二十四帝乎!老贼速退!可教反臣与吾共决胜负!

两相对比,不难看出诸葛亮的话在气势上完爆王朗。同样是开始列举了一番世间乱象,诸葛亮的形容比王朗要严重得多,也就比王朗的话更有感染力。同样是话锋一转,诸葛亮却是在奠定了基础后,直接开始对王朗进行人身攻击。而且是"罪恶深重""愿食汝肉""谄谀之臣""皓首匹夫"等一连串连环攻击,穷追猛打,属于典型的伤害性又高,侮辱性又强。本已经是七十六岁高龄的王朗,在听到这样一串其实没什么道理但颇有气势的人身攻击后,当场"气满胸膛,大叫一声,撞死于马下"。

为 骂 而 骂

上面这两处骂人不仅颇有气势,而且根据充分。《三国演义》中另外一处著名的骂人金句，虽然颇有气势，但是细究之下其实颇无道理。第二十三回中，曹操在孔融的建议下，欲请祢衡为使，结交刘表。因曹操对祢衡傲慢，祢衡故意裸体击鼓。面对曹操的责难，大骂曹操：

> 汝不识贤愚，是眼浊也；不读诗书，是口浊也；不纳忠言，是耳浊也；不通古今，是身浊也；不容诸侯，是腹浊也；常怀篡逆，是心浊也！

坦白来说，祢衡大骂曹操的这几句，六连排比，语势强烈，而且连用六个浊，反复强调，让人印象深刻。但实际上，这一番大骂，细究之下，其实不太站得住脚。首先是不识贤愚，几乎正相反的，曹操在《三国演义》中是以有识人之明著称的，不管是点破刘备的英雄本色，还是直接指出"司马懿非人臣也，必预汝家事"，都是他拥有识人之明的表现。不读诗书，更是与实际情况南辕北辙。众所周知，在曹操的多重身份中，有很重要的一个就是著名诗人。《短歌行》《龟虽寿》《观沧海》等，无不是曹操腹有诗书的外在表现。不纳忠言，也和事实完全不符。从听荀彧而果断迁都，到听许攸而截烧乌巢，再到听贾诩而立嗣曹丕，曹操在《三国演义》中多次在关键时刻采纳臣属的正确建议从而获得成功。至于不容诸侯，更是为骂而骂。

汉末三国时期，群雄割据，军阀混战。不同势力之间勾心斗角，明争暗斗。我不去打他，他也会来打我。你死我活的大乱世，难道还指望曹操和其他豪强手拉手做好朋友不成？所以，祢衡骂曹操的这六句，除了一个"常怀篡逆"外，整体大多与事实不符，属于为骂而骂，为出气而骂，只有骂的意思，而无骂的道理。

除了这几处比较有名或典型的骂人外，《三国演义》中其他的骂人语句还有很多，在此不一一列举。这些骂人种种，看上去很有气势，但其实，我们不难发现，这些种种骂人，都只是达成目的的次要手段。张飞因为有能和吕布匹敌的武力，所以有底气在虎牢关下大骂吕布"三姓家奴"。诸葛亮因为已经打得对方体无完肤，所以才能一封信就气死了曹真。如果你有足够的能力和手腕，就根本不需要用骂人这种最低级和掉价的方式，也能达成你的目的。

11 毛宗岗的评点立场和艺术

在本书的其他文章中,我曾多次引用毛宗岗的点评来阐述情节,品评人物。这主要是因为毛宗岗的点评在众多评点本中质量最高。现在市面上通行的《三国演义》绝大多数也都是经由毛宗岗删改调整而得的版本。以下,我认为是毛宗岗独到精妙的评点。

吹捧蜀汉

说到毛宗岗的点评特点,首先不能不提的就是对以诸葛亮为首的蜀汉人物的推崇捧高。虽然拥刘贬曹是在毛宗岗数百年前的唐宋时期就已经有的传统,但毛宗岗对蜀汉的推崇尤为强烈。开篇第一回中,刘备和曹操两人初登场时,作者交代了两人的出身。在交代了曹操之"操父曹嵩,本姓夏侯氏,因为中常侍曹腾之养子,故冒姓曹"的身世后,毛宗岗马上毫不客气的来了一句:"曹操世系如此,岂得与靖王后裔、景帝玄孙同日论哉!"在这一回的回目总评里,更直接说:"一则中山靖王之后,一则中常侍之养孙,低昂已判矣。"其实,在汉末三国时代,重出身,看门第的传统社会观念逐渐受到冲击。出身的重要性其实已经很低。何况,从汉景帝到刘备所处的东汉末年,经过了三百余年的繁衍,刘备的那点汉帝血统已经被稀释得差不多了。毛宗岗在这里拿两人的出身说事,把刘备捧上天,而把曹操贬得一塌糊涂,可谓十分露骨。

当然,说到毛宗岗对蜀汉人物的露骨捧扬,有一处不能不提的经典案例。第三十八回中,刘备三顾诸葛亮,来到草庐,小童告诉刘备"今日先生虽在家,但今在草堂上睡未醒"。哪怕是在现在,大白天睡觉通常也会被认为是懒惰的表现。而在古代,昼寝更是被孔老夫子打成"朽木不可雕也"的行为。毛宗岗却在这里来了句:"惟其为卧龙,故不妨昼寝。今有瞌睡汉,不能学孔明,而但学其昼寝,岂得谓之卧龙哉?直是卧牛卧犬耳。"对明明显的慵懒懈怠的行为都能解说得如此冠冕堂皇,毛宗岗对诸葛亮的喜爱,可见一斑。

以 虚 讽 实

除了摆在台面上的美言蜀汉外,以小说讽时弊也在毛宗岗的点评中随处可见。第十八回中，吕布在徐州，凡宴饮之时，陈珪陈登父子必大称吕布盛德。陈宫进谏吕布，说陈珪父子"面谀将军，心不可测"。吕布却很不高兴："汝无端献谗，欲害好人耶？"毛宗岗就在这里评价曰："闻忠言则怒为献谗，闻谀言则信为好人：奉先殊属梦梦。虽然，世之如奉先者，正复不少也。"

再比如，第八十八回中，孟获被诸葛亮第一次擒而放回，蛮兵见到孟获，问孟获是如何回来的。孟获却回答："蜀人监我在帐中，被我杀死十余人，乘夜黑而走；正行间，逢着一哨马军，亦被我杀之，夺了此马，因此得脱。"明明是大丢颜面的被抓放回，却被孟获当面遮掩得干干净净。毛宗岗也很不客气地说："背地出丑之事，在人前遮瞒得干干净净。何近日孟获之多也。"

和上面两处相比，还有一处更为集中和典型。第三十八回中，因为同时汇集了诸葛亮隆中决策、徐氏为夫报仇、孙权丧中起兵、甘宁锦帆游侠四段情节，毛宗岗在这一回的回头总评中一口气四连讽"今之学孔明者，不能学其决策草庐，而但学其昼寝；学甘宁者，不能学其改邪归正，而但学其铜铃锦帆；学孙权者，不能学其尊贤礼士，为父报仇，而但学其丧中争战；学徐氏者，不能学其智谋节义，而但学其浓妆艳抹，言笑自若。为之一笑"。如此借虚讽实，颇有点白居易"文章合为时而著"的风范。

眼光毒辣

吹捧蜀汉和以虚讽实都是毛宗岗评点的突出特色。但真正让毛宗岗的评点本甫一问世就迅速成为最受欢迎的《三国演义》版本的，还是毛宗岗对小说情节独到而精准的剖析。

第七十九回中，曹操病逝，曹丕继魏王位，见曹植不来奔丧，遂遣许褚去抓曹植。许褚奉命来到曹植驻地临淄，见曹植与僚属尽皆醉倒。许褚随即把曹植等人拿赴邺城，解见曹丕。随后就是家喻户晓的七步成诗。

读到这一情节的时候，一般人能看到的都只是曹丕的刻薄无情和曹植的才思敏捷。但毛宗岗却在这里点评曰："丧中醉倒，难为孝子。丕虽不兄，植亦不子。"因为丧中醉倒，尤其是亲生父亲的丧中，在古代是非常无礼的大不孝行为。所以在这一场手足相残中，迫害亲弟的曹丕固然不是个好哥哥，但丧中醉倒的曹植也不能算是好儿子。毛宗岗并没有因为曹丕对曹植显而易见的迫害就忽略曹植丧中醉倒这一细节，可算得上是目光如炬。

若论眼光毒辣，有一处点评比上面这一出更为典型。第五十回中，曹操华容道遇上关羽，在程昱的建议下向前亲自求情："云长别来无恙！"关羽也欠身答曰："关某奉军师将领，等候丞相多时。"毛宗岗此时一针见血地指出："不骂'曹贼'而称'丞相'，便有不杀之意。"

　　读到此处，不得不感叹毛宗岗眼光毒辣。因为，关羽此时，如果已经完全放下对曹操恩义的惦念，一心一意要诛杀曹操的话，他就不应该答"等候丞相多时"，而应该是大喝一声"曹贼受死"。兼之关羽在过五关斩六将之后曾感叹："吾非欲沿途杀人，奈事不得已也。曹公知之，必以我为负恩之人矣。"关羽此时礼貌地欠身而称"丞相"，在曹操还未哀告求命时，已有三分不杀之意。

　　不管古今中外，也不论小说史籍，出色的评点注解在很大程度上能帮助作品更好、更快传播，也能赋予作品本身更高的地位。毛宗岗正是因其独到、精妙、富有特色的点评，才使得由其而出的《三国演义》在面世后迅速流传，成为认可度最高的《三国演义》版本。

图书在版编目（CIP）数据

《三国演义》趣谈 / 李家人著. —上海：文汇出版社, 2022.7
（古书今读系列）
ISBN 978-7-5496-3780-5

Ⅰ. ①三… Ⅱ. ①李… Ⅲ. ①《三国演义》研究 Ⅳ. ①I207.413

中国版本图书馆CIP数据核字（2022）第097878号

《三国演义》趣谈

作　　者 / 李家人

责任编辑 / 陈今夫　王　骏
装帧设计 / 薛　冰

出版发行 / 文匯出版社
　　　　　上海市威海路755号
　　　　　（邮政编码200041）
经　　销 / 全国新华书店
排　　版 / 南京展望文化发展有限公司
印刷装订 / 启东市人民印刷有限公司
版　　次 / 2022年7月第1版
印　　次 / 2025年4月第3次印刷
开　　本 / 889×1194　1/32
字　　数 / 210千字
印　　张 / 12

ISBN 978-7-5496-3780-5
定　　价 / 58.00元